MANUEL

DU

SERVICE PRÉVÔTAL

AUX ARMÉES,

PAR

M. DUBARD,

CAPITAINE DE GENDARMERIE.

———⚬⚬⚬———

PARIS,

LÉAUTEY, LIBRAIRE,

24, RUE SAINT-GUILLAUME, 24.

1882.

Tous droits réservés.

MANUEL

DU

SERVICE PRÉVÔTAL

AUX ARMÉES.

MANUEL

DU

SERVICE PRÉVÔTAL

AUX ARMÉES,

PAR

M. DUBARD,

CAPITAINE DE GENDARMERIE.

———

PARIS,

LÉAUTEY, LIBRAIRE,

24, RUE SAINT-GUILLAUME, 24.

1882.

AVANT-PROPOS.

Le service de la gendarmerie aux armées est un service exceptionnel, qui naît de circonstances assez rares, telles que l'état de guerre ou de rassemblements de troupes pour une cause quelconque. Il s'ensuit qu'on ne peut compter sur la pratique pour venir en aide à l'instruction des hommes désignés pour faire partie des prévôtés. Il est cependant essentiel que chaque gendarme apprenne, en temps de paix, à connaître à fond le service qui lui incombera en temps de guerre, de telle sorte que le moment venu, il puisse remplir sans hésitation la nouvelle mission qui lui sera confiée.

Le décret du 1er mars 1854, modifié le 24 juillet 1875, détermine d'une façon complète le rôle et les attributions de la gendarmerie prévôtale; mais ce décret est naturellement fort succinct.

Tout se trouve dans les 49 articles consacrés à la prévôté, mais il faut savoir l'y trouver, et c'est cette recherche que nous avons essayé de simplifier dans le présent travail.

Comme ce Manuel s'adresse principalement aux chefs de poste et aux simples gendarmes, nous avons cru devoir adopter pour la première partie (*Service prévôtal* proprement dit) le mode des questionnaires, mode plus simple et plus familier que celui des annotations. De plus, ce système a l'avantage de supprimer une des plus grandes difficultés de l'enseignement pour le chef de poste, c'est-à-dire la façon d'interroger et de formuler clairement les questions. A la suite de chaque demande, on trouvera le numéro de l'article auquel se rapporte la réponse, tirée soit du décret du 24 juillet 1875, soit du *Service en campagne*, soit du code de justice militaire. Nous avons cherché à être aussi clair que possible et à n'omettre aucun détail essentiel, afin que les hommes ne soient jamais surpris ou arrêtés en campagne par des incidents qui peuvent les étonner ou les embarrasser, lorsqu'ils les rencontrent pour la première fois.

Tout en cherchant à être complet, nous avons tenu à nous renfermer dans les limites de la discrétion imposée à tout ouvrage militaire de ce genre. Nous nous sommes par conséquent abstenu d'indiquer certains détails dont la divulgation pourrait présenter des inconvénients. On remarquera que nous ne donnons pas de chiffres, car ils peuvent varier par suite de nouvelles instructions et, de plus, ils sont inutiles à la gendarmerie. L'essentiel est que les hommes comprennent bien l'ensemble de leur service.

La deuxième partie de ce travail est consacrée à la *Conduite des convois*. Les officiers prévôtaux y trouveront quelques renseignements sur ce service, si différent de celui auquel ils sont habitués : l'étude du rôle qu'ils auront à remplir aux armées sera ainsi facilitée. Des motifs de discrétion nous ont forcé à passer sous silence certains détails. Les officiers prévôtaux les trouveront aisément en compulsant les ouvrages qui font partie de leurs archives spéciales.

Juin 1881.

PREMIÈRE PARTIE.

SERVICE PRÉVÔTAL.

Nota. — Les numéros en chiffres arabes sont ceux des articles du décret du 1ᵉʳ mars 1854, modifié le 24 juillet 1875 ; ceux en chiffres penchés sont ceux des articles du décret du 3 mai 1832 (*Service en campagne*) ; enfin, la lettre C, précédant un numéro, indique un article du code pénal militaire.

PREMIÈRE PARTIE.

—

SERVICE PRÉVÔTAL.

CHAPITRE PREMIER.

GÉNÉRALITÉS.

ORGANISATION ET COMPOSITION DES FORCES PRÉVÔTALES. —
SOLDE. — TENUE. — DISCIPLINE.

D. *Quel est le rôle de la gendarmerie aux armées?*

R. Le rôle de la gendarmerie aux armées est analogue à celui qu'elle remplit à l'intérieur. La constatation des crimes, délits, contraventions; la poursuite et l'arrestation des coupables; la police des marches, camps et cantonnements; le maintien de l'ordre, la surveillance des personnes autorisées à suivre l'armée, sont de sa compétence. Ces différentes attributions constituent le *Service prévôtal* proprement dit. Il faut ensuite y ajouter le *Service des convois* et la *garde des prisonniers.* (Art. 518; — 169.)

D. *Qu'est-ce qu'une armée?*

R. Une armée est la réunion de plusieurs corps d'armée.

D. *Qu'est-ce qu'un corps d'armée?*

R. Un corps d'armée est la réunion de plusieurs divisions.

D. *Qu'est-ce qu'une division?*

R. Une division est la réunion de plusieurs brigades.

D. *Qu'est-ce qu'une brigade?*

R. Une brigade est la réunion de deux ou trois régiments.

D. *Comment se fractionne la gendarmerie prévôtale entre les diverses parties constitutives d'une armée?*

R. La gendarmerie d'une armée se fractionne entre chaque corps d'armée et, dans le corps d'armée, se subdivise en autant de détachements qu'il comprend de divisions, plus un détachement pour le quartier général du corps d'armée et un autre pour la brigade de cavalerie attachée à ce corps d'armée.

D. *Quel titre porte le commandant supérieur de toute la gendarmerie d'une armée?*

R. La totalité de la gendarmerie d'une armée est sous les ordres d'un officier général ou d'un colonel, qui prend le titre de *grand prévôt*. (Art. 505 ; — *170*.)

D. *Quel titre prend le commandant de la gendarmerie d'un corps d'armée ?*

R. La gendarmerie d'un corps d'armée est commandée par un chef d'escadrons, qui porte le titre de *prévôt.* (Art. 505.)

D. *Quel est le titre du commandant de la gendarmerie d'une division ?*

R. La gendarmerie attachée à une division est commandée par un capitaine qui prend le titre de commandant de détachement ou de commandant de la force publique de telle ou telle division. (Art. 513, 515.)

D. *Y a-t-il des cas où le commandant de la force publique d'une division n'a que le grade de lieutenant ou sous-lieutenant ?*

R. Oui. La force publique des divisions de cavalerie est commandée par un lieutenant ou un sous-lieutenant.

D. *Qu'est-ce que le capitaine vaguemestre ?*

R. Le capitaine vaguemestre est le commandant de la force publique chargée de la surveillance du convoi du quartier général du corps d'armée et de la garde des prisonniers de guerre. Il y en a un par quartier général de corps d'armée. (Art. 508.)

D. *Trouvez-vous quelque analogie entre l'organisation de la gendarmerie aux armées et celle de la gendarmerie à l'intérieur ?*

R. On peut en trouver une en assimilant la gendarmerie de toute l'armée à une *légion*. Alors, la gendarmerie du corps d'armée peut se comparer à la *compagnie* sous les ordres de son chef d'escadrons, comme à l'intérieur, et celle de la division représente l'arrondissement sous les ordres des capitaines ou lieutenants.

D. *En résumé, combien comptez-vous de détachements de gendarmerie dans un corps d'armée?*

R. Cela dépend du nombre de divisions qui composent le corps d'armée. Supposons un corps d'armée formé par deux divisions d'infanterie : il y aura pour ce corps d'armée :

1° *Au quartier général du corps*, un détachement de gendarmerie à cheval commandé par un maréchal des logis. Ce détachement peu nombreux a pour mission la police du quartier général et l'escorte du prévôt;

2° *A chaque division*, un détachement composé de gendarmes à cheval et de quelques gendarmes à pied; il a pour mission le service d'ordre en marche et en station et la conduite du train régimentaire de la division. Les hommes à pied sont chargés plus spécialement du service des prisons;

3° *Au convoi du quartier général*, un fort détachement de gendarmerie à cheval, qui, sous les ordres du capitaine vaguemestre, est chargé de la surveillance du train régimentaire du quartier général. Cet officier a également sous ses ordres un détachement de gendarmerie à pied, qui est chargé de la surveillance des prisonniers de guerre.

Tels sont les détachements de prévôté qui marchent avec le corps d'armée.

D. *N'y a-t-il pas une brigade de cavalerie attachée à chaque corps d'armée et cette brigade ne possède-t-elle pas une force publique particulière?*

R. Oui. Chaque corps d'armée a, en effet, une brigade de cavalerie chargée de le couvrir et de l'éclairer, et qui, par suite, est toujours en avant. On lui a attaché une force publique particulière, commandée par un maréchal des logis et composée de quelques gendarmes à cheval.

D. *La composition de la force publique des divisions de cavalerie est-elle la même que celle des divisions d'infanterie?*

R. Non. On n'a pu y mettre évidemment de la gendarmerie à pied. Elle est commandée par un lieutenant ou un sous-lieutenant, et son effectif varie suivant que la division se compose de deux ou de trois brigades. Généralement les divisions de cavalerie ont trois brigades.

D. *Vous savez qu'en territoire étranger, les officiers de la prévôté remplissent certaines fonctions judiciaires. Où trouvent-ils les greffiers nécessaires pour cet office?*

R. A chaque détachement de force publique commandé par un officier de gendarmerie, se trouve attaché un maréchal des logis adjoint au trésorier, qui est chargé de remplir ces fonctions de greffier, et qui s'occupe en outre de la comptabilité du détachement.

D. *Vous ne m'avez parlé jusqu'à présent que des quartiers-généraux des corps d'armée; mais n'y a-t-il pas de gendarmerie au quartier général du commandant de l'armée ?*

R. Oui. C'est à ce quartier général qu'est attaché le grand prévôt. Un détachement de gendarmerie est affecté au service de ce quartier général et à l'escorte du grand prévôt. Les fonctions de greffier y sont remplies par un capitaine trésorier, qui est en même temps chargé de la comptabilité du détachement et de la centralisation de l'administration de toute la prévôté de l'armée. (Art. 512.)

D. *Savez-vous comment se touche la solde de la gendarmerie à l'armée ?*

R. La solde se touche par corps d'armée chez le payeur du corps d'armée, comme le fait une compagnie départementale chez le trésorier payeur général du département. (Art. 512.)

D. *La solde de la gendarmerie en campagne diffère-t-elle de la solde en temps de paix ?*

R. Oui. La solde de la gendarmerie faisant partie des forces publiques attachées aux armées, est la solde de station, augmentée de l'indemnité de service extraordinaire. (Décret du 24 juillet 1875.)

D. *La gendarmerie n'a-t-elle pas droit aux vivres de campagne?*

R. La gendarmerie touche le pain, le sucre, le café et les liquides.

D. Quelle est la tenue de la gendarmerie aux armées?

R. La tenue de la gendarmerie aux armées est réglementée de la façon suivante :

Pour l'arme à cheval. — La tunique avec trèfles et aiguillettes; la hongroise bleue et la botte à la Condé; manteau roulé; képi.

Pour l'arme à pied. — La tunique avec trèfles et aiguillettes, pantalon, manteau roulé et képi.

On emporte toutes les armes, sauf la baïonnette pour l'arme à cheval. Chaque gendarme devra être porteur de trente-huit cartouches de carabine et de trente de revolver.

D. Comment sont réparées les armes de la gendarmerie en campagne?

R. C'est le régiment d'artillerie du corps d'armée qui est chargé de ce soin.

D. Quel est le harnachement de campagne pour l'arme à cheval?

R. Le harnachement ordinaire moins la housse et les chaperons.

D. Énumérez les effets de campement et de bivouac dont doivent être porteurs les gendarmes prévôtaux à cheval.

R. Ce sont :

    le sac à distribution,

    une marmite, ou un bidon, ou une gamelle pour quatre hommes,

    un sac en toile (un pour deux hommes),

une hachette-maillet,
une besace de campagne,
une entrave,
un piquet,
un filet à fourrages,
une musette mangeoire,
un bissac de campagne,
une corde à fourrages,
quatre fers avec leurs clous.

D. *Vous ne faites pas mention de la tente-abri?*

R. Non : elle est supprimée en principe pour toutes les campagnes en Europe.

D. *Comment se porte le manteau?*

R. Le manteau est roulé et placé sur les sacoches ou porté en sautoir de droite à gauche.

D. *Détaillez-moi le paquetage de devant.*

R. Dans la sacoche gauche, on place le revolver et les objets de sûreté. Dans celle de droite, les effets de pansage roulés dans l'époussette; sur les sacoches, le manteau roulé, le sac à distribution à plat sur le manteau. L'ustensile de campement que porte chaque homme se place sur la charge, un peu en avant, du côté hors montoir; la hachette se fixe du côté montoir, le tranchant en avant; le piquet se porte du même côté.

D. *Détaillez-moi maintenant le paquetage de derrière.*

R. La tente-abri étant supprimée, il faut modifier un peu le règlement du 25 avril 1877 à ce sujet : la besace de campagne est placée en arrière des quartiers de la selle; le filet à fourrages en arrière de chaque côté de la croupe; le pantalon de treillis et l'entrave seront fixés sur le coussinet. Si le cavalier porte la corde de bivouac, il la réunira à ces derniers objets et la placera également sur le coussinet.

D. *Où les hommes touchent-ils les effets de campement qui leur sont nécessaires?*

R. Les effets de campement et de bivouac seront distribués aux gendarmes prévôtaux aux points de mobilisation.

D. *Comment chargez-vous la besace de campagne?*

R. Dans la grande poche :

1° Du côté montoir, on place :
 une chemise,
 un caleçon,
 un col,
 deux mouchoirs,
 une paire de chaussettes,
 une paire de gants;

2° Du côté hors montoir, on met :
 une paire de petites bottes,
 la veste,
 la corde à fourrages,
 les cartouches de sûreté.

Quant au chargement de la petite poche :

1° Du côté montoir, on place :
 les effets de propreté enveloppés,
 quatre fers et leurs clous;

2° Du côté hors montoir :
 le livret et la trousse.

D. *Où se mettent les vivres que l'on doit porter?*

R. On les répartit à peu près également des deux côtés de la besace.

D. *Où placez-vous la couverture du cheval?*

R. Elle est pliée en quatre et placée sous la selle, le gros pli sur le garrot.

D. *Comment se porte le collet-manteau de l'arme à pied en campagne?*

R. Il est roulé autour du sac.

D. *Détaillez-moi le paquetage du havresac pour le service en campagne.*

R. Dans le havresac, on met :

    une chemise,
    un caleçon,
    un col,
    deux mouchoirs,
    une paire de chaussettes,
    une paire de gants,
    la trousse garnie,
    une paire de souliers,
    les effets de sûreté,
    les effets de propreté.

Les cartouches sont placées dans le tiroir du havre-sac, le livret se met sous la patelette et enfin l'ustensile de campement sur le sac.

D. *N'y a-t-il pas certains effets dont les gendarmes prévôtaux doivent se fournir eux-mêmes et avoir constamment, même en temps de paix?*

R. Oui. Chaque gendarme à cheval désigné pour faire éventuellement partie des forces prévôtales doit être constamment pourvu de quatre fers et de leurs clous.

D. *La gendarmerie d'une armée peut-elle être employée au service d'estafettes?*

R. Non. La gendarmerie a un service particulier et ne peut en être distraite que dans le cas de la plus absolue nécessité. (Art. 519; — *169*.)

D. *Un gendarme peut-il servir d'ordonnance à un officier?*

R. Non, quel que soit le grade de l'officier. Les règlements l'interdisent formellement. (Art. 519.)

D. *La gendarmerie peut-elle être employée comme escorte?*

R. Non, sauf pour les officiers de l'arme, dans les cas prévus par le règlement. (Art. 519; — *169*.)

D. *Quels sont donc ces cas auxquels vous faites allusion?*

R. Le grand prévôt, dans les marches et dans ses tournées, est escorté par deux brigades de gendarmerie. Il a aussi une garde à son logement. Les autres officiers, c'est-à-dire le prévôt du corps d'armée, le capitaine vaguemestre, et le commandant de détachement, sont escortés par une brigade, si cela est possible sans nuire au service. (Art. 527; — *172*.)

D. *Cette escorte est-elle donnée à ces officiers seulement à titre d'honneur?*

R. Non. Ces officiers peuvent avoir à chaque instant à intervenir pour faire respecter la loi ou exécuter les ordres donnés. Il est donc nécessaire qu'ils
soient toujours appuyés par une force suffisante.

D. *Comment sont remplies les vacances aux emplois
de sous-officier et de brigadier pendant le cours de la
campagne?*

R. C'est le grand prévôt qui nomme aux emplois
vacants de sous-officier et de brigadier. Il choisit
parmi les candidats à l'avancement qui font partie
de la force publique de l'armée et parmi les militaires qui auront été l'objet de propositions spéciales.
(Art. 511.)

D. *Par qui les militaires de la gendarmerie peuvent-
ils être punis?*

R. Les militaires de la gendarmerie aux armées
ne peuvent être punis que par leurs chefs directs, ou
par les généraux et chefs d'état-major des corps auxquels ils appartiennent. (Art. 517.)

D. *Si un militaire de la gendarmerie commet une
faute méritant répression, comment cette faute est-elle
punie?*

R. L'autorité, qui a eu connaissance de la faute,
porte plainte au prévôt ou au grand prévôt, et il est
donné connaissance de la punition infligée à l'autorité
plaignante. (Art. 517.)

D. *Par qui les punitions infligées à la gendarmerie
en campagne peuvent-elles être changées?*

R. Par le grand prévôt, ou par le général et le chef d'état-major du corps d'armée ou de la division dont relève le militaire puni. (Art. 517.)

OBSERVATIONS SUR LE CHAPITRE PREMIER.

I. — Les gendarmes prévôtaux sont choisis dans chaque légion de préférence parmi les hommes de bonne volonté, ayant les aptitudes physiques et professionnelles nécessaires. A défaut d'hommes de bonne volonté, on désigne d'office les gendarmes nécessaires à ce service en commençant par les célibataires et les moins chargés de famille jusqu'à l'âge de 35 ans. Il n'y a pas de limite d'âge pour les gendarmes qui demandent à faire partie des forces prévôtales, pourvu qu'ils soient en état de faire campagne, bien montés et bien équipés. En cas de mobilisation, ceux des gendarmes appelés par leur âge à faire partie des prévôtés, et dont les montures se trouveraient pour une cause quelconque hors d'état de faire campagne, seront autorisés à faire des échanges. Il sera tenu compte aux propriétaires de la valeur respective des chevaux échangés.

Le service de la prévôté est organisé dès le temps de paix dans chaque corps d'armée et constamment tenu au complet.

II. — Tous les gendarmes prévôtaux restent titulaires de leurs postes, qu'ils rejoindront après la campagne.

III. — Un décret en date du 24 juillet 1875 accorde une indemnité de 1 franc par jour aux familles des sous-officiers, brigadiers et gendarmes mariés, ou veufs avec enfants, détachés aux armées, indépendamment des secours prévus aux articles 265 et suivants du règlement du 18 février 1863.

IV. — Les militaires de la gendarmerie détachés aux armées peuvent faire des délégations de solde à leur famille, soit avant leur départ, soit après leur arrivée à destination. (Art. 111 et suivants du règlement du 18 février 1863.)

V. — On doit recommander aux gendarmes prévôtaux, au moment du départ, d'avoir soin d'emporter sur eux ce qu'ils ont de meilleur comme habillement et équipement. C'est une mauvaise économie que d'entrer en campagne avec des effets médiocres. Outre que l'usure est rapide et le remplacement difficile, on ne sait jamais ce que les événements militaires vous réservent. Le plus prudent est donc d'avoir toujours le meilleur de sa fortune sur soi.

VI. — La gendarmerie en campagne doit user largement de ses chevaux et, par conséquent, doit alléger le plus possible son paquetage. Non seulement elle fait l'étape comme le reste des troupes, mais encore elle doit être prête à marcher de nouveau à tout instant de la journée et de la nuit pour son service de surveillance. C'est pour cette raison que la circulaire ministérielle du 18 août 1875, prescrit certaines mesures d'allégement dans la charge des hommes et des chevaux. Comme il est bon de connaître exactement ces prescriptions, nous copions textuellement le passage de cette circulaire qui se rapporte à ce sujet :

« ..... Comme il importe que les militaires de la gendarmerie, qui composent les forces publiques, ne soient pas chargés, non plus que les chevaux, lorsqu'ils seront mobilisés et appelés à marcher avec le corps d'armée, ils ne devront porter que le manteau ou la capote en sautoir ; au plus des vivres pour un jour, un repas d'avoine pour les chevaux et 30 ou 40 cartouches. Le reste de leur bagage devra être placé sur les voitures des convois et on devra leur donner toute facilité pour se faire nourrir chez l'habitant........ »

D'après le texte de cette circulaire, on voit que les quantités énoncées ci-dessus sont un maximum, et, qu'en principe, la prévôté doit être très peu chargée, pas du tout même si c'est possible, et doit tirer sa subsistance sur place, aussi bien pour les hommes que pour les chevaux.

VII. — La tente-abri et le couvre-pieds sont supprimés en principe pour les campagnes en Europe. Il a donc fallu tenir compte de ce fait dans la description du paquetage que nous donnons dans ce chapitre Iᵉʳ. Le règlement du 25 avril 1877 (*Bases d'instruction*), qui fixe ce paquetage, est antérieur à cette décision. Par suite, il faut modifier les règles données par ce règlement en supprimant tout ce qui a rapport à la tente-abri et au couvre-pieds.

VIII. — Les gendarmes prévôtaux n'emportent pas avec eux leurs munitions de sûreté : elles restent entre les mains du chef de poste. Les effets de campement, besaces pour l'arme à cheval, etc., seront distribués à la prévôté aux points de rassemblement.

IX. — La prévôté ne doit jamais être détournée de son service spécial. Les gendarmes ne peuvent donc pas être employés pour le service d'estafettes ni comme ordonnances, même par les officiers de l'arme. Les soldats d'ordonnance de ces officiers seront pris dans les corps de troupe désignés à cet effet, généralement dans l'escadron du train des équipages du corps d'armée. Il y aura deux soldats d'ordonnance pour le prévôt et un pour chacun des officiers commandants des détachements de la force publique.

X. — On comprend que dans un ouvrage tel que celui-ci, nous ne pouvons parler qu'avec un extrême réserve de la mobilisation et de la mise en route de la gendarmerie prévôtale. Tout ce que nous pouvons dire à ce sujet, c'est que, *en tout temps*, chaque gendarme désigné pour la prévôté doit savoir à l'avance quel jour de la mobilisation il devra partir et quelle route il devra suivre pour arriver à son poste.

CHAPITRE II.

DEVOIRS GÉNÉRAUX.

RAPPORTS DE LA GENDARMERIE AVEC LE COMMANDEMENT
ET LA TROUPE. — RÉQUISITIONS. — POURSUITE DES
CRIMES ET DÉLITS. — PRISONS.

D. *De quelles autorités relève la gendarmerie aux
armées?*

R. La gendarmerie aux armées ne relève que de
ses chefs directs ainsi que des généraux et chefs d'état-
major auprès desquels elle est placée. (Art. 514.)

D. *A quelles réquisitions doit-elle déférer?*

R. A moins de circonstances exceptionnelles, les
réquisitions adressées à la gendarmerie doivent
passer par l'intermédiaire des officiers de l'arme dans
les divisions et corps d'armée. Ces réquisitions doivent émaner des autorités dont relève la gendarmerie et l'on doit toujours y déférer, même quand
elles sont faites directement. (Art. 514.)

D. *Quels sont les rapports qui sont dus par les officiers des forces publiques?*

R. Les commandants des détachements doivent
adresser au prévôt de leur corps d'armée des rapports sur les objets de leur service. Les prévôts adres-

sent des rapports identiques au grand prévôt. Outre ces rapports, ces officiers doivent journellement un rapport aux généraux commandant les troupes près desquelles ils sont placés. Le grand prévôt rend compte chaque jour au général en chef et prend ses ordres. Tous les huit jours, il adresse au chef d'état-major général un rapport d'ensemble sur le service de la gendarmerie. (Art. 515; — *186*.)

D. *Quels sont les rapports que doit établir le capitaine vaguemestre du corps d'armée?*

R. Le capitaine vaguemestre doit des rapports au prévôt de son corps d'armée comme les autres commandants de détachement. Il rend compte également aux généraux et aux chefs d'état-major de l'exécution des ordres qu'ils lui ont donnés. (Art. 515.)

D. *Quels sont les rapports que doit fournir le maréchal des logis qui commande la force publique de la brigade de cavalerie du corps d'armée?*

R. Le commandant de la force publique d'une brigade détachée fournit les mêmes rapports que les autres commandants de détachement au prévôt du corps d'armée et au général qui commande la brigade. (Art. 515; — *186*.)

D. *Comment se transmettent à la gendarmerie les ordres du général en chef?*

R. Le grand prévôt reçoit les ordres du général en chef et les transmet avec ses instructions aux prévôts des corps d'armée. Ceux-ci les transmettent aux divers commandants de détachements. Ces ordres sont exécutés, mais les prévôts et les commandants de détachements doivent informer leurs chefs d'état-major respectifs de la teneur de ces ordres., surtout en ce qui concerne la police. (Art. 516.)

D. *Que doit faire le commandant de détachement qui reçoit un ordre direct du général ou du chef d'état-major?*

R. Il l'exécute immédiatement et en informe le prévôt de son corps d'armée, qui doit toujours être au courant de ce que fait la troupe sous ses ordres.

D. *Quel est l'emplacement des prévôtés dans les campements et cantonnements?*

R. Pour la facilité du service, les prévôtés sont toujours campées ou cantonnées à proximité des quartiers généraux dont elles dépendent. (Art. 521.)

D. *La gendarmerie peut-elle circuler librement partout?*

R. Oui. La gendarmerie peut pénétrer de jour et de nuit, à toute heure, dans les camps. Les sous-officiers, brigadiers et gendarmes sont munis du mot à cet effet. (Art. 521.)

D. *Si la gendarmerie rencontrait quelque obstacle ou empêchement à sa libre circulation, que devrait-on faire?*

R. On en rendrait compte par la voie hiérarchique au grand prévôt et au commandant d'armée. (Art. 521.)

2.

D. *La gendarmerie a-t-elle connaissance des emplacements occupés par les différents services ou corps?*

R. Oui, autant que possible l'état des emplacements des corps d'armée et services est porté chaque jour par le grand prévôt à la connaissance des prévôts de corps d'armée. Ceux-ci transmettent cet état aux divers commandants de détachement sous leurs ordres, en y joignant l'emplacement des divisions, détachements et services de leurs corps d'armée respectifs; mais il est facile de comprendre que cela n'est pas possible tous les jours. (Art. 520.)

D. *La gendarmerie peut-elle demander main-forte dans les corps de troupe?*

R. Certainement; lorsque la gendarmerie croit avoir besoin d'appui pour l'exécution de son service, les officiers et sous-officiers des troupes sont tenus de déférer à ses réquisitions. (Art. 522; — *169*.)

D. *Quelqu'un peut-il entraver l'autorité de la gendarmerie agissant en qualité de force publique?*

R. Lorsqu'un officier, sous-officier ou simple gendarme agit au nom de la loi, en qualité d'agent de la force publique, personne ne peut entraver son autorité et tout le monde doit se soumettre à ses réquisitions ou à ses injonctions. Mais il est évident que la gendarmerie ne peut s'opposer à des mesures militaires de quelque nature qu'elles soient quand elles ont été ordonnées par le commandement. (Art. 522.)

D. *Que doit-on faire en présence d'un refus de main-forte ou d'entrave au service de la part de la troupe?*

R. Il en est rendu compte par la voie hiérarchique au chef d'état-major de la division à laquelle appartient l'officier ou sous-officier qui n'a pas obtempéré à la réquisition. (Art. 522.)

D. *Le brigadier de gendarmerie, faisant partie d'un détachement de force publique aux armées, est-il officier de police judiciaire militaire?*

R. Non. Le code de justice militaire (art. 84) donne cette qualité à tous les officiers, sous-officiers et commandants de détachement de gendarmerie. Il s'ensuit que le brigadier, s'il ne commande pas le détachement dont il fait partie, n'est pas officier de police judiciaire militaire. Ce titre d'officier de police judiciaire militaire appartiendrait, du reste, même à un simple gendarme, s'il se trouvait commander un détachement isolé.

D. *Comment sont poursuivis les crimes et les délits aux armées?*

R. Dès que la gendarmerie est prévenue d'un crime ou d'un délit, elle doit faire sans plus tarder les informations nécessaires. Tout militaire ou employé à l'armée qui en a eu connaissance doit en donner sur-le-champ avis au grand prévôt, au prévôt ou à tout autre officier, sous-officier ou brigadier de gendarmerie. Il est tenu de répondre catégoriquement aux questions qui lui sont posées. La gendarmerie recherche et arrête les prévenus. (Art. 523, 524, 525; — *171*.)

D. *Quels sont les devoirs des officiers de la prévôté vis-à-vis des commissaires du gouvernement et des rapporteurs des conseils de guerre de l'armée?*

R. Les officiers de la prévôté, quel que soit leur grade, doivent donner aux commissaires du gouvernement et aux rapporteurs près des conseils de guerre tous les documents que ceux-ci leur demandent et qu'il est en leur pouvoir de leur procurer. (Art. 525; — 171.)

D. *Les officiers de la prévôté peuvent-ils être cités comme témoins devant les conseils de guerre?*

R. Oui; le grand prévôt lui-même est tenu de déférer à la réquisition de comparaître comme témoin, lorsqu'elle lui est faite régulièrement. (Art. 525; — 171.)

D. *Devant qui sont conduits les prévenus arrêtés?*

R. Les gendarmes capteurs conduisent les prévenus à leur commandant de détachement, qui aussitôt que possible les envoie devant le général commandant la fraction de l'armée à laquelle ils appartiennent. (Art. 525; — 171.)

D. *Tous les prévenus arrêtés sont-ils donc conduits devant le général?*

R. Non. Il y a un certain nombre de délits qui sont de la compétence de la justice prévôtale. Les individus justiciables de cette juridiction ne sont pas envoyés au général. (Art. 525.)

D. *Que fait la gendarmerie des militaires arrêtés par elle?*

R. Cela dépend. Les militaïres arrêtés par la gendarmerie sont conduits par les soins du commandant de détachement à leurs corps, si l'inculpation élevée contre eux n'est pas de la compétence des conseils de guerre. Dans ce dernier cas seulement, ils sont conduits devant le général. (Art. 540; — *171, 178.*)

D. *Dans le cas de flagrant délit entraînant peine afflictive ou infamante, quel est le rôle de la gendarmerie?*

R. L'officier de gendarmerie compétent doit se transporter immédiatement sur les lieux. Il y opère la saisie des pièces à conviction, dresse procès-verbal de toutes les dépositions et renseignements qu'il recueille, fait procéder à la recherche et à l'arrestation du prévenu, qui, comme nous l'avons dit, est conduit devant le général. Les pièces à conviction sont remises au chef d'état-major, qui prend les ordres du général pour informer. La gendarmerie doit ensuite donner au rapporteur du conseil de guerre tous les renseignements qu'elle peut lui procurer. (Art. 524; — *171.*)

D. *Vous me dites :* l'officier de gendarmerie compétent. *Quelle est donc la règle à ce sujet?*

R. La compétence des officiers de gendarmerie aux armées, et par suite celle de tout officier de police judiciaire militaire, est déterminée par le code de justice militaire. Cette compétence s'étend sur tout le territoire occupé par le corps de troupe auquel l'officier de police judiciaire militaire est attaché, ses flancs et ses derrières. Il s'ensuit que la compétence du grand prévôt s'étend sur tout le territoire occupé par l'armée et ses fractions; celle des prévôts sur le territoire occupé par leur corps d'armée et celle des autres commandants des forces publiques sur le territoire occupé par les troupes auxquelles ils sont attachés. (Art. 513.)

D. *Les gendarmes prévôtaux ne peuvent donc verbaliser que sur le territoire soumis à la juridiction de leur commandant de détachement?*

R. Non. En quelque lieu que ce soit, un gendarme doit toujours verbaliser quand il a connaissance d'un crime ou d'un délit. L'article 523 du décret du 24 juillet 1875 fait une obligation à tout militaire, ou employé à l'armée, de donner avis à la gendarmerie en pareille circonstance : à plus forte raison le gendarme doit-il le faire. Mais s'il s'agit d'un cas où les déclarations de la gendarmerie font foi jusqu'à preuve contraire, c'est-à-dire s'il s'agit d'une contravention, le procès-verbal n'aura cette valeur que si le fait constaté s'est passé sur le territoire du corps auquel le rédacteur est attaché. Dans le cas contraire, le procès-verbal ne vaudra que comme un renseignement et une dénonciation faite à la justice.

D. *Comment se poursuivent les déserteurs et les prisonniers évadés?*

R. Le signalement des déserteurs est envoyé par les soins des corps auxquels ils appartiennent, et dans les vingt-quatre heures au plus tard, au commandant de la gendarmerie de la division. Celui-ci prend

les mesures nécessaires pour leur arrestation. Il en
est de même pour les prisonniers évadés. (Art. 540;
— 178.)

D. *De quelles prisons dispose la gendarmerie aux
armées?*

R. Il y a une prison dans chaque quartier général de division, de corps d'armée ou d'armée :
elle est destinée à recevoir les militaires de tous
grades et les gens sans aveu, arrêtés par la gendarmerie, ou qui lui sont envoyés par les chefs d'état-major. (Art. 538; — 177.)

D. *Par qui sont établies ces prisons?*

R. Ces prisons sont établies par les soins des prévôts et des commandants de détachement. Si la
troupe est cantonnée, on choisit un local spacieux,
solide et facile à garder. Si la troupe est campée
loin des habitations, une grande tente est fournie
par l'administration du campement et reçoit la même
destination. (Art. 538; — 177.)

D. *Sous quelle autorité sont placées ces prisons?*

R. Ces prisons sont sous l'autorité et la surveillance des officiers de la prévôté et des commandants de quartier. (Art. 538; — 177.)

D. *Comment la gendarmerie tient-elle note des entrées et des sorties de prison?*

R. Un registre d'écrou des prisonniers est établi
pour chaque prison. (Art. 538.)

D. *Qui est chargé de nourrir les prisonniers?*

R. C'est la prévôté. Elle perçoit les rations des prisonniers en même temps que les siennes sur des bons établis au titre de la justice militaire. (Art. 538.)

D. *Les rations des prisonniers sont-elles les mêmes que celles de la troupe?*

R. Oui, sauf le vin et les autres liquides. (Art. 538.)

D. *Comment la prévôté justifie-t-elle des perceptions en vivres faites pour les prisonniers?*

R. Au moyen du registre d'écrou, qui est visé chaque jour par le sous-intendant de la division et qui sert ainsi de justification pour ces allocations et perceptions. (Art. 538.)

D. *Les prisonniers de guerre faits sur l'ennemi sont-ils placés dans ces prisons?*

R. Non. Ces prisons sont spécialement destinées aux prévenus passibles des conseils de guerre. Les prisonniers ennemis, si la gendarmerie en reçoit, sont dirigés par les soins du commandant de détachement sur le quartier général du corps d'armée. Le capitaine vaguemestre du corps d'armée a sous ses ordres un certain nombre de gendarmes à pied destinés à garder ces prisonniers, en attendant leur évacuation dans l'intérieur du pays.

D. *Quand la division est en marche quelle est la place des prisonniers de la prévôté?*

R. Les prisonniers placés sous la garde de la prévôté marchent en tête de ce qu'on appelle le *train régimentaire.*

OBSERVATIONS SUR LE CHAPITRE II.

I. — On ne saurait trop s'attacher à bien convaincre tous les gendarmes de l'importance capitale qu'il y a à ce que chacun d'eux connaisse à fond, *dès le temps de paix*, tous les détails du service prévôtal. Comme nous l'avons déjà dit, ce service est exceptionnel et l'on ne peut compter sur la *tradition* pour venir en aide à l'instruction théorique, car le nombre des gendarmes ayant fait campagne dans les prévôtés sera nécessairement fort restreint. Il faut donc préparer avec soin cette instruction théorique, pour arriver à obtenir que chaque gendarme soit tellement familiarisé avec cette étude qu'il puisse entrer de plain-pied dans son nouveau rôle. De cette façon, le service prévôtal pourra fonctionner régulièrement et sans hésitation dès le premier jour. Ceci est d'autant plus important que l'armée sera composée d'éléments plus jeunes. Il ne faut pas se dissimuler, en effet, que l'armée, où les réservistes seront en grand nombre, exigera une surveillance très active, surtout dans les premiers temps. Il faudra donc, *de suite*, une bonne prévôté, c'est-à-dire une prévôté active, alerte, sévère sans être tracassière, intelligente et redoutée. Elle devra être à la fois l'œil et le bras du commandement pour tout ce qui regarde la police et le bon ordre; et, plus cet œil sera perçant et ce bras sera lourd, plus la discipline, *cette force des armées,* dit le règlement, en sera raffermie. On peut être convaincu que l'influence d'une prévôté remplissant les conditions ci-dessus ne tardera pas à se faire sentir, car, à l'armée comme à l'intérieur, la crainte de la gendarmerie deviendra le commencement de la sagesse.

II. — Nous avons dit, dans le courant de ce chapitre II, que les procès-verbaux pour contraventions ne faisaient foi, jusqu'à preuve contraire, que quand la contravention avait été relevée sur le territoire soumis à la juridiction du chef direct du gendarme rédacteur. Nous nous sommes appuyé pour donner cette règle, sur les termes de l'article 499 du décret du 1er mars 1854, qui dit que « les gendarmes sont chargés par les lois et règlements de constater, *dans leurs circonscriptions respectives,* les contraventions qui peuvent y être commises ». Par analogie, il faut admettre qu'il en est de même à l'armée, et, alors, la circonscription respective de chaque gendarme y est logiquement déterminée par la juridiction de son chef direct. Comme nous l'avons dit aussi, cela ne doit pas empêcher chaque gendarme de constater tout ce qui se passe de délictueux sous ses yeux, en quelque endroit que ce soit. Son procès-verbal sera toujours utile, ne serait-ce qu'en donnant connaissance du fait à l'autorité. De plus, il est inadmissible qu'un gendarme reste témoin impassible d'une infraction ou d'un délit quelconque. On peut citer à ce sujet ce fragment d'une lettre adressée par le général en chef de l'armée du Rhin au grand prévôt de cette armée, le 20 août 1870 :

Représentants de l'autorité, disait cette lettre, les gendarmes ont mission de maintenir l'ordre et de constater tous les délits qui se commettent en leur présence, sans distinguer si ces délits ressortissent d'un corps d'armée auquel ils sont attachés. »

CHAPITRE III.

SERVICE SPÉCIAL.

MARCHES. — CANTONNEMENTS. — POLICE GÉNÉRALE.

D. *Quel est le rôle de la gendarmerie dans les marches?*

R. La gendarmerie, dans les marches, suit les colonnes. Si la troupe marche en avant, elle est répartie sur les flancs et les derrières; si la troupe bat en retraite, elle est également placée sur les flancs et sur les derrières, entre les troupes et les équipages. Elle visite les chemins creux, les fermes, les villages, arrête les maraudeurs et les traînards. Les premiers sont conduits devant le général et les seconds remis à la police de leurs corps. (Art. 525, 540, 542; — 178, 179.)

D. *La gendarmerie fait-elle seule ce service de surveillance pendant les marches?*

R. Non. A la gauche de la colonne, marche un détachement de police pris dans le dernier régiment de cette colonne et commandé par un officier. C'est avec ce détachement que marchent une partie des gendarmes à cheval de la force publique de la division. Ce sont ces gendarmes qui fouillent les fermes et maisons isolées, les chemins creux, etc., qu'on rencontre sur les flancs ou les derrières, et qui ramassent les traînards. Ceux qui ne veulent pas marcher sont remis au détachement de prisonniers placé en tête du train régimentaire, à 1 500 mètres en arrière de l'arrière-garde. Les éclopés sont mis sur une voiture d'ambulance, qui marche avec le détachement de police, accompagnée d'un médecin.

D. *Par qui sont surveillés les équipages?*

R. Le commandant de la force publique de la division désigne un détachement de gendarmerie à cheval pour maintenir une police sévère aux équipages et s'assurer que tous les individus qui s'y trouvent ont le droit d'y être et même le droit de suivre l'armée. Le commandement du convoi formé par ces équipages lui appartient. (Art. 507; — 179.)

D. *Dans le cas où le convoi serait trop considérable, la gendarmerie pourrait-elle se faire aider dans sa surveillance par un détachement de troupes?*

R. Le règlement ne prévoit ce cas que pour le convoi du quartier général du corps d'armée. Le capitaine vaguemestre, en cette circonstance, demande au chef d'état-major général, par l'intermédiaire du prévôt, un certain nombre de cavaliers pour l'aider dans son service. Il semble probable que par analogie, les commandants de détachement peuvent agir de même si le convoi de leur division devenait trop considérable pour une cause ou une autre, ou si leur effectif de gendarmes diminuait et rendait le service trop pénible. (Art. 509.)

D. *Si une troupe de ligne est adjointe à la gendarmerie pour le service des équipages, à qui appartiendra le commandement?*

R. A grade égal, le commandement appartient à l'officier de gendarmerie quelle que soit son ancienneté. Si le chef de cette escorte de troupes de ligne est d'un grade supérieur, il prend le commandement et prescrit sous sa responsabilité toutes les mesures propres à assurer la marche et la défense du convoi. (Art. 510.)

D. *En cas de retraite, à quoi doit veiller principalement la gendarmerie?*

R. La gendarmerie, en cas de retraite, doit veiller à ce que les routes soient libres. En cas d'encombrement, elle doit les faire rapidement dégager pour livrer passage aux colonnes. Elle doit aussi prêter son concours pour arrêter les mouvements précipités, qui peuvent dégénérer en panique, et chercher à les régulariser. (Art. 542.)

D. *Que fait la gendarmerie en cas de panique?*

R. En cas de panique, toute la prévôté est réunie pour opposer une digue aux fuyards, et doit, dans ce cas, déployer la plus grande énergie. (Art. 543.)

D. *Quel est le rôle de la gendarmerie pendant le combat?*

R. Quand les troupes sont engagées avec l'ennemi,

la gendarmerie est échelonnée en arrière des corps qui combattent. Elle arrête tout militaire qu'elle rencontre en position irrégulière en arrière de son corps; elle ramène au feu les soldats débandés et ceux qui accompagnent les blessés sans nécessité. Elle arrête enfin ceux qui fouillent ou dépouillent les morts. Elle doit s'informer de l'emplacement des ambulances et des dépôts de munitions pour pouvoir les indiquer au besoin. Enfin elle veille à ce que les routes soient libres. (Art. 543.)

D. *Qu'entend-on par* camp?

R. On entend par *camp* les lieux où la troupe est établie sous la tente, dans des baraques ou au bivouac. (Art. 32).

D. *Qu'entend-on par* cantonnements?

R. On entend par *cantonnements* l'ensemble des maisons occupées par la troupe, sans y être casernée. (Art. 32.)

D. *A qui appartient la police générale des camps et des cantonnements?*

R. La police générale des camps et des cantonnements rentre dans les attributions de la gendarmerie, qui doit veiller à l'exécution des ordres des généraux sur les vivandiers et cantiniers, les jeux de hasard, les filles de mauvaise vie, les chasseurs, la salubrité publique. Elle surveille la propreté des abords des lieux occupés par la troupe, elle empêche tout désordre dans toute l'étendue du pays, elle fait fermer les cabarets et lieux publics aux heures fixées, elle reconduit à leur corps les soldats avinés, elle arrête les maraudeurs et les espions, etc., etc. (Art. 551.)

D. *Quelle surveillance doit-on exercer sur les cantiniers, vivandiers et marchands?*

R. La gendarmerie doit s'assurer qu'ils sont munis de leur patente et de leur plaque, que leurs denrées sont de bonne qualité et en quantité suffisante; leurs poids et mesures justes et que leurs voitures ne contiennent que des objets permis. (Art. 533; — *174.*)

D. *La gendarmerie a-t-elle qualité pour s'assurer par elle-même de la valeur des denrées vendues par les cantiniers, vivandiers, marchands?*

R. Non, mais elle reçoit les plaintes qui peuvent être faites à ce sujet et les transmet à ses chefs.

D. *Qui donc alors est chargé de ce soin?*

R. Il y a dans chaque division un médecin ou un pharmacien militaire désigné à cet effet. Cet officier de santé, assisté d'un brigadier ou d'un maréchal des logis de gendarmerie, fait à l'improviste des tournées générales ou partielles, pour apprécier la qualité des denrées débitées. (Art. 532.)

D. *Que fait-on des denrées reconnues susceptibles de porter atteinte à la santé des troupes?*

R. Le médecin ou le pharmacien chargé de ce service ordonne de répandre ou d'enfouir ces denrées. Cet ordre s'exécute immédiatement par les soins de la gendarmerie. (Art. 532.)

D. *Les marchands autorisés à suivre l'armée peuvent-ils vendre leurs denrées aux prix qu'ils veulent ?*

R. Non. Les prix des boissons et denrées alimentaires sont fixés par le grand prévôt et les prévôts. (Art. 536.)

D. *Quelle peine encourent les marchands qui enfreignent les tarifs fixés ?*

R. Ils sont condamnés à une amende par la justice prévôtale. Il en est de même s'ils contreviennent aux règlements de police de l'armée. (Art. 536.)

D. *Et les personnes. qui suivent l'armée sans permission ?*

R. Ces personnes sont également punies d'une amende et expulsées de l'armée. (Art. 537 ; — 175.)

D. *N'avez-vous pas à surveiller aussi l'exactitude des poids et mesures ?*

R. Oui. Cette vérification incombe à la gendarmerie, qui doit s'en occuper souvent et à l'improviste. (Art. 534 ; — 175.)

D. *Quelles peines encourent les délinquants dans ce cas ?*

R. Conformément à la loi, les poids et mesures faux sont confisqués. De plus, le délinquant est traduit devant la justice prévôtale et puni des peines édictées par les lois. On peut également le priver temporairement de sa patente, et en cas de récidive la lui retirer complètement et le chasser de l'armée, sans préjudice de restitutions auxquelles il peut être obligé, ou autres châtiments encourus pour fraude. (Art. 534; — 175.)

D. *Comment se constatent ces diverses contraventions ou délits?*

R. La gendarmerie les constate par elle-même ou d'après les plaintes qui lui sont portées. Il est dressé procès-verbal dans la forme ordinaire et les corps auxquels appartiennent les délinquants sont prévenus. On en rend compte également par la voie hiérarchique au chef d'état-major de la division ou au chef d'état-major général suivant qu'il s'agit d'un individu relevant d'une division ou du quartier général. (Art. 533.)

D. *La gendarmerie ne doit-elle pas visiter fréquemment les voitures des marchands?*

R. Oui. C'est une mesure qui doit être prise fréquemment et à l'improviste. (Art. 533; — 174.)

D. *Quel est le but de ces visites?*

R. Les individus qui suivent les armées comme marchands sont généralement des gens qu'il faut surveiller de près. Sans cette précaution, ils deviendraient bien vite les recéleurs de tout ce que pourraient voler les soldats maraudeurs ou gens suivant l'armée, où même ils marauderaient eux-mêmes. (Art. 535; — 174.)

D. *Ces dispositions concernent-elles les cantiniers des corps de troupe?*

R. Oui, en principe. Ce sont là des dispositions

générales. Cependant ces cantiniers appartenant à leur régiment, leur surveillance est spécialement attribuée aux chefs de bataillon, adjudants-majors et adjudants. La gendarmerie doit, en général, s'abstenir de toute ingérence superflue dans l'intérieur des corps de troupe, qui ont tout intérêt à faire bonne police par eux-mêmes. (Art. 535; — 174.)

D. *Quelle est l'autorité qui accorde aux marchands la permission de suivre l'armée et d'y vendre des denrées?*

R. Ce sont les officiers de la prévôté. Chaque commandant de détachement accorde ces permissions pour la division à laquelle il est attaché, sous l'approbation du chef d'état-major, qui les vise. (Art. 530.)

D. *Le grand prévôt et le prévôt ne s'occupent-ils pas aussi de ce détail du service?*

R. Les autorisations de suivre le quartier général de l'armée sont accordées par le grand prévôt. Les prévôts accordent celles pour le quartier général de leur corps d'armée. Ces officiers supérieurs n'en accordent pas d'autres. Elles sont ensuite soumises au visa des chefs d'état-major. (Art. 529.)

D. *Les autorisations accordées par les commandants de détachement dans les divisions ne sont-elles pas soumises à d'autres formalités que le visa du chef d'état-major?*

R. Autant que possible, dit le règlement, les permissions accordées par les chefs de détachement doivent être visées par le grand prévôt et le prévôt du corps d'armée; mais il est facile de comprendre qu'en campagne ce ne sera pas toujours praticable. (Art. 530.)

D. *A qui les cantiniers des corps de troupe doivent-ils s'adresser pour obtenir l'autorisation de suivre et de vendre?*

R. Ils doivent s'adresser au conseil d'administration de leur corps. (Art. 530; — 174.)

D. *La prévôté vise-t-elle ces autorisations?*

R. Oui. Elles doivent être visées par le grand prévôt et par le prévôt du corps d'armée. (Art. 530; — 174.)

D. *Détaillez-moi les pièces que doit vous présenter un marchand à qui vous demandez de justifier sa présence à l'armée?*

R. Ce marchand devra d'abord me présenter sa patente ou autorisation de vendre, signée du commandant de la force publique de ma division, ou par le prévôt, suivant qu'il s'agira de suivre la division ou le quartier général. De plus, il devra avoir à sa voiture une plaque indiquant son nom, le numéro de sa patente et le quartier général ou corps de troupe auquel il est attaché. Enfin, il devra porter sur lui, d'une manière ostensible, une autre plaque indiquant sa profession. (Art. 533.)

D. *Un marchand autorisé à vendre dans un corps de troupe peut-il exercer son commerce dans toute l'armée?*

R. Non. Il ne peut suivre que la division ou le

quartier général indiqué sur sa patente et sur sa plaque de voiture. Il en est, du reste, de même pour tous les permissionnaires. Le contrôle serait trop difficile sans cette règle.

D. *Ne peut-il pas arriver que des espions se glissent au milieu des troupes au moyen de patentes ou permissions fausses ou simplement achetées aux titulaires?*

R. C'est un cas qu'il faut prévoir. Aussi les permissions et patentes doivent être l'objet d'un examen sévère de la part de la gendarmerie. (Art. 531.)

D. *Comment pouvez-vous vous assurer que le porteur d'une permission ou d'une patente en est bien le légitime propriétaire?*

R. En m'assurant de son identité par les moyens ordinaires, signalement, écriture, papiers, marques de linge..... etc.....

D. *Je suppose qu'un individu que vous interrogez vous déclare avoir perdu sa permission. Que devez-faire?*

R. Je l'arrêterai et je le conduirai devant mon commandant de détachement, à qui il devra justifier de l'autorisation qu'il prétend avoir perdue.

D. *Cet officier a-t-il le moyen de vérifier la véracité des allégations de cet individu?*

R. Oui. Les patentes et les permissions sont numérotées et enregistrées à la prévôté d'abord et à l'état-major ensuite. (Art. 528.)

D. *Combien la prévôté tient-elle de registres à cet effet?*

R. La prévôté tient deux registres à cet effet. Sur le premier sont enregistrées les permissions données aux individus non marchands, tels que journalistes, secrétaires, interprètes,... etc. Elles sont numérotées et accompagnées du signalement du titulaire et de sa signature. Sur le second registre, on inscrit les patentes également numérotées avec nom, signalement, profession des vivandiers, cantiniers et marchands, qui les ont obtenues. L'état-major tient les mêmes registres. (Art. 528.)

D. *Un individu vous est signalé comme soupçonné d'espionnage. Que devez-vous faire?*

R. Je me mets à sa recherche et je m'assure de sa personne. Je l'interroge sur sa présence à l'armée. S'il est muni d'une autorisation, j'en vérifie la régularité et je le questionne sur l'emploi de son temps et ses agissements suspects. Je le fouille et je m'empare de tous ses papiers; je fouille également sa voiture, s'il en a une, son logement, ses malles, etc., je recueille tous les renseignements possibles et je le conduis à mon commandant de détachement.

D. *Je suppose qu'un individu que vous interrogez se réclame comme domestique d'un officier ou d'un fonctionnaire de l'armée. Que devez-vous faire?*

R. Si cet individu est réellement domestique d'un officier ou d'un fonctionnaire de l'armée, il doit être porteur d'une attestation signée de son maître constatant qu'il est à son service. Cette attestation doit de plus porter les visas réglementaires. (Art. 537; — *176*.)

D. *Quels sont ces visas réglementaires?*

R. Dans les corps de troupe, ces attestations sont visées par les colonels; dans les états-majors et les administrations par les prévôts. (Art. 537; — *176*.)

D. *Je suppose que cet individu vous présente une attestation en règle, cela suffira-t-il?*

R. Cela dépend. S'il n'est pas à son poste, il doit avoir en outre une permission de s'absenter signée de son maître et revêtue des visas dont nous venons de parler. Dans le cas contraire, je l'arrêterai comme vagabond, car tout domestique qui abandonne son maître pendant la campagne est considéré comme vagabond et arrêté comme tel. (Art. 537; — *176*.)

D. *Mais si c'est son maître qui l'a renvoyé de son service?*

R. Dans ce cas, son maître a dû lui donner un congé par écrit et visé de la même manière. (Art. *176*.)

D. *Une ordonnance d'officier sans troupe devient disponible par la mort ou le départ de son officier; savez-vous où elle doit être placée?*

R. Si cette ordonnance n'est pas reprise immédiatement par un autre officier, elle sera placée en subsistance au dépôt de remonte mobile.

D. *La chasse est-elle permise à la guerre?*

R. Non. La chasse est défendue à la guerre, et la

gendarmerie doit signaler les militaires de tous grades qui sont trouvés chassant. (Art. 546; — *181.*)

D. *N'est-elle pas permise dans les cantonnements?*

R. Dans les cantonnements, les officiers peuvent chasser, avec l'autorisation du général commandant sur les lieux et la permission du propriétaire. (Art. 546; — *181.*)

D. *Les jeux sont-ils permis à l'armée?*

R. Non. Les jeux de hasard sont défendus. Les officiers de gendarmerie sont spécialement. chargés de faire observer cette défense. Les individus qui se livrent à ces jeux sont sévèrement punis, et ceux qui les tiennent, s'ils ne sont pas militaires, sont chassés de l'armée. (Art. 546; — *181.*)

D. *Que fait la gendarmerie si elle trouve des femmes de mauvaise vie suivant l'armée?*

R. Ces femmes sont écartées de l'armée par les soins de la prévôté. (Art. 546 ; — *181.*)

D. *Il parvient à votre connaissance qu'un officier ou fonctionnaire de l'armée a requis sans autorisation régulière une voiture ou un cheval : que devez-vous faire?*

R. Je constate le fait et j'en dresse procès-verbal. (Art. 545 ; — *180.*)

D. *Un propriétaire, lésé par un militaire appartenant à l'armée, vient vous porter sa plainte; avez-vous qualité pour la recevoir?*

R. Oui. La gendarmerie est chargée de recevoir

les plaintes des propriétaires, victimes de réquisitions irrégulières ou autres dommages, et doit y donner suite si elle reconnaît que la plainte est fondée. (Art. 545 ; — *180.*)

D. *Que doit faire tout individu qui trouve un cheval sans maître?*

R. Il doit le remettre à la gendarmerie. (Art. 547 ; — *184.*)

D. *Un inconnu peut-il vendre un cheval à un militaire appartenant à l'armée?*

R. Non. Il est expressément recommandé à la gendarmerie de veiller à ce qu'il ne soit pas acheté de chevaux à des inconnus. (Art. 547 ; — *184.*)

.D. *Que faites-vous d'un cheval trouvé sans maître, ou qui a été volé?*

R. Je saisis le cheval et je le conduis à mon commandant de détachement, si je ne puis découvrir de suite le propriétaire. Les recherches seront continuées ensuite. (Art. 547 ; — *184.*)

D. *Que deviennent les chevaux perdus ou volés pendant le temps qu'ils restent à la disposition de la prévôté?*

R. Pendant le temps que la prévôté fait les recherches nécessaires pour trouver le propriétaire du cheval, cette monture est mise en subsistance dans un régiment du corps d'armée, désigné à cet effet par la voie de l'ordre. (Art. 548.)

D. *N'y a-t-il pas une précaution à prendre dans ce cas ?*

R. Oui. La gendarmerie a soin de conserver le signalement de l'animal, pour faciliter les recherches ultérieures. (Art. 548.)

D. *Dans le cas où le propriétaire reste inconnu, que fait-on de l'animal ?*

R. Si les recherches restent infructueuses ou deviennent impossibles, le cheval volé ou trouvé sera remis, d'après l'ordre du chef d'état-major, à l'arme à laquelle il convient. (Art. 547 ; — 184.)

D. *Avez-vous à vous occuper de la propreté des camps et des cantonnements ?*

R. Non. La propreté intérieure des camps et des cantonnements est une affaire de police des corps qui les occupent; mais la propreté des abords de ces camps ou cantonnements regarde la gendarmerie. (Art. 550.)

D. *Un animal mort est trouvé à proximité d'un camp. Que devez-vous faire?*

R. Je rendrai compte du fait à mon commandant de détachement, qui le signalera au chef d'état-major. Ce dernier fera commander les corvées nécessaires pour procéder à l'enfouissement du cadavre. (Art. 550.)

D. *Que deviennent les détritus des abattages faits par une troupe pour son compte?*

R. Ces détritus doivent être enfouis par les soins

de cette troupe. La gendarmerie lui en fait la réquisition au besoin. (Art. 550.)

D. *Il peut arriver qu'une troupe partant précipitamment n'ait pas le temps de s'occuper de ce soin.*

R. C'est la troupe qui la remplace qui en sera chargée.

D. *La gendarmerie fait-elle des patrouilles dans le pays occupé par l'armée ?*

R. La gendarmerie fait des patrouilles de jour et de nuit dans toute l'étendue du pays occupé par la fraction de l'armée à laquelle elle est attachée. Elle y empêche tout désordre et toute maraude. (Art. 551.)

D. *Ce service est-il fait seulement par la gendarmerie ?*

R. Quand la troupe est logée chez l'habitant, on peut former des patrouilles mixtes de quelques soldats dirigés par un ou deux gendarmes. Ces patrouilles aident la gendarmerie à protéger les populations et les propriétés. (Art. 551.)

D. *Si un déserteur ennemi se présente à la gendarmerie, que doit-on faire ?*

R. Si un déserteur ennemi se présente ou est remis à la gendarmerie, on le dirige de suite sur le grand quartier général. Ses armes sont versées au commandant de l'artillerie de la division et ses buffleteries à l'intendant. (Art. 183.)

D. *Les chevaux pris sur l'ennemi sont-ils remis à*

la prévôté comme les chevaux volés ou trouvés sans maîtres ?

R. Non. Les chevaux enlevés sur l'ennemi sont laissés dans les régiments qui les ont pris, s'ils conviennent à l'arme et s'ils en ont besoin. Dans le cas contraire, le chef d'état-major les envoie aux régiments auxquels ils sont propres. Ils sont achetés soit par les officiers soit par les corps, d'après un tarif arrêté par le général en chef, et le prix en est distribué aux hommes qui les ont pris. (Art. 147; — 182.)

D. *Je suppose qu'une gare de chemin de fer se trouve dans le cantonnement occupé par votre division. Quel service la gendarmerie y fera-t-elle ?*

R. La gendarmerie aura à établir un service de surveillance sévère dans les gares avoisinant l'armée. Des dispositions seront ordonnées à ce sujet par le grand prévôt, qui les fera adopter par la commission militaire des chemins de fer et en informera le chef d'état-major. La plus grande surveillance sera exercée sur les voyageurs. Tous ceux dont l'identité demeurera douteuse, ou dont les intentions sembleront suspectes seront arrêtés et conduits à la prévôté, pour y être interrogés. (Art. 552.)

D. *Savez-vous ce qu'on entend par* sauvegardes ?

R. On entend par *sauvegardes* des postes établis dans certains établissements publics tels que hôpitaux, pensionnats, communautés, moulins,..... etc., ou même chez des particuliers. Ces postes sont chargés de les protéger et de les faire respecter de tout le monde, et cela dans l'intérêt général de l'armée. (Art. *188.*)

D. *A qui sont confiées la surveillance et la police générale des sauvegardes?*

R. Au grand prévôt. Ces sauvegardes doivent de plus obéissance à tous les officiers et sous-officiers de gendarmerie. (Art. 549.)

D. *Comment sont composées les sauvegardes?*

R. Les sauvegardes sont généralement composées d'un homme appartenant à la gendarmerie. Ce sont rarement des postes plus nombreux. A défaut de gendarmerie, on peut les tirer de n'importe quelle troupe. (Art. *187.*)

D. *Les sauvegardes n'existent-elles pas à l'état permanent dans les quartiers généraux?*

R. On peut, au début d'une campagne, organiser une compagnie de sauvegardes permanentes d'une force relative à celle de l'armée. Cette compagnie est ensuite répartie dans les différents quartiers généraux par fractions plus ou moins fortes. (Art. *187.*)

D. *A défaut de cette compagnie permanente de sauvegardes, comment la remplace-t-on?*

R. A défaut de cette compagnie permanente (ce qui sera évidemment le cas ordinaire), on la remplace par des sauvegardes provisoires, prises dans la gendarmerie prévôtale, si cela est possible. A son défant, on les tirera des autres armes comme nous l'avons dit. (Art. *187.*)

D. *Par qui sont établies ces sauvegardes provisoires ?*

R. Par les généraux, mais seulement dans l'étendue de leur commandement. (Art. *188.*)

D. *Quel est le devoir des officiers de gendarmerie vis-à-vis des sauvegardes ?*

R. Les officiers et sous-officiers de gendarmerie s'assurent que les sauvegardes suivent exactement les instructions qu'elles ont reçues des généraux. Si ces sauvegardes rencontrent des difficultés dans l'exécution de leur mission, ou si elles ont éprouvé des violences, ils en rendent compte immédiatement. (Art. 549; — *192.*)

D. *Quand la fraction de l'armée qui a fourni les sauvegardes se retire, que deviennent ces postes ?*

R. Les sauvegardes sont rappelées si le pays est totalement évacué; mais si le corps qui les a fournies doit être remplacé par un autre corps lui succédant dans le cantonnement, on peut les laisser à leur poste jusqu'à ce qu'elles soient relevées par ce dernier. (Art. *189.*)

D. *Les sauvegardes peuvent-elles faire concourir les habitants à leur service de protection ?*

R. Oui, si cela est nécessaire. Les sauvegardes, dans ce cas, peuvent employer des gens du pays pour les seconder. Du reste, le pays est responsable des violences que les sauvegardes pourraient éprouver de la part des habitants. (Art. *190.*)

D. *N'arrive-t-il pas des cas où les sauvegardes doivent attendre l'arrivée de l'ennemi?*

R. Oui, mais cet ordre ne leur est donné que très exceptionnellement. Dans ce cas, elles s'adressent à l'officier qui commande les premières troupes ennemies, pour être reconduites aux avant-postes. (Art. *189.*)

D. *Comment subsistent les sauvegardes? Fait-on pour elles des bons de subsistances?*

R. Non, on ne fait pas de bons de subsistances pour elles. Elles touchent la totalité de leur solde et le général commandant la division leur donne un ordre scellé de son cachet, portant autorisation de toucher une rétribution fixée par lui, selon les circonstances. Le général peut aussi exiger que les sauvegardes soient nourries par les particuliers auprès desquels elles sont placées. (Art. *191.*)

D. *N'y a-t-il pas aussi des sauvegardes écrites?*

R. Le commandant en chef peut donner des sauvegardes écrites ou imprimées. Ces sauvegardes sont signées par lui et contresignées par le chef d'état-major général. Elles doivent porter le cachet de l'état-major général. Elles sont numérotées et enregistrées. (Art. *193.*)

D. *Quelle autorité ont-elles, ces sauvegardes écrites?*

R. Ces sauvegardes écrites, présentées aux troupes, doivent être respectées comme une sentinelle. (Art. 193.)

D. *N'y a-t-il pas aussi des papiers qu'on appelle des saufs-conduits ?*

R. Oui, mais ces papiers ne sont pas des sauvegardes proprement dites. Un *sauf-conduit* ou *laissez-passer* est simplement un passeport protecteur, permettant au porteur de traverser sans encombre les lignes des armées.

D. *Quelle attention la gendarmerie doit-elle porter sur ces saufs-conduits ?*

R. Ces saufs-conduits ne sont valables que pour la personne qui y est désignée. Ils ne sont pas transmissibles. La gendarmerie doit donc s'assurer qué le porteur est le propriétaire légitime de la pièce. Il peut aussi arriver que le sauf-conduit ne soit valable que pour un temps donné. Il faut donc s'assurer s'il n'est pas périmé. Enfin, il faut veiller à ce que les porteurs de saufs-conduits ou laissez-passer ne s'en servent pas pour se livrer à l'espionnage.

OBSERVATIONS SUR LE CHAPITRE III.

Ce chapitre est le plus important de ce Manuel; aussi va-t-il donner lieu à un certain nombre d'observations.

I. — Il est impossible, lorsqu'on réglemente un service, d'entrer dans des détails assez complets pour embrasser tous les cas particuliers qui peuvent sé présenter dans la pratique. On ne peut que poser des règles générales, tracer les lignes principales, et on laisse à l'intelligence et à l'initiative de ceux qui sont chargés de l'appliquer le soin d'en faire comprendre et d'en faire exécuter les détails par leurs subordonnés. C'est le cas du service prévôtal réglementé le 24 juillet 1875. Ce service indique en peu de mots certaines règles à suivre dans des cas déterminés, comme les marches, les combats, les retraites... etc.; mais ces règles sont concises et il est nécessaire de se rendre compte de qu'a voulu prescrire le règlement. Ainsi, il est dit à l'article 542 que la gendarmerie, dans les marches en avant, est répartie sur les flancs et en arrière des colonnes. En réfléchissant sur cette question, on se rend de suite compte que le règlement n'a pas voulu évidemment prescrire que les 15 gendarmes à cheval de la prévôté d'une division d'infanterie, par exemple, seront échelonnés sur les flancs et les derrières de cette division, qui mesure 7 kilomètres sans son avant-garde, 14 kilomètres avec cette avant-garde et 17 kilomètres avec son train régimentaire ! Ce serait impossible et cela ne servirait absolument à rien. Il faut entendre, au contraire, que la gendarmerie, dont la place, dans l'ordre normal de marche de la division, est d'ailleurs réglementairement fixée, partie à la suite du détachement de police, partie avec le train régimentaire, doit répartir sa surveillance sur les flancs et les derrières de la colonne, en allant fouiller, au fur et à mesure qu'elle arrive à leur hauteur, villages, fermes, maisons isolées, chemins creux,..... etc., et tous endroits où se réfugient ordinairement les traînards et les mauvais soldats.

II. — Il s'ensuit de cette façon d'opérer (que nous croyons la seule pratique) que les deux fractions de la prévôté d'une division, c'est-à-dire celle du détachement de police et celle du train régimentaire, éprouveront, dans une journée de marche, une quantité de fatigue fort différente. Il est clair que les hommes et les chevaux, qui opèrent avec le détachement de police, auront beaucoup plus de chemin à faire que ceux qui marchent tranquillement avec le train régimentaire. Or, à l'arrivée à l'étape,

la prévôté aura encore à marcher pour son service de surveillance. Il faut donc que le commandant de détachement
tienne compte de cette différence, lorsqu'il règlera le partage de sa troupe, et qu'il ait soin de faire alterner ses
hommes dans ces deux services. Nous ne pouvons pas donner ici de règle générale au sujet de ce partage de l'effectif. C'est à chaque commandant de force publique à
agir suivant les circonstances et les ordres donnés.

III. — L'article 543 détermine l'action de la prévôté pendant le combat. Nous ferons à ce sujet les mêmes observations que pour l'article 542. Le règlement dit que la
gendarmerie ramène au feu les soldats qui se débandent
et ceux qui se détachent du rang sans nécessité. Quelles
sont donc les mesures à prendre pour arriver à un résul-
tat pratique? Évidemment, quel que soit l'esprit de discipline des troupes engagées, ce n'est pas en échelonnant un
par un sur une étendue de 1 200 et 1 800 mètres au moins,
les 15 ou 20 gendarmes qui composent la prévôté qu'on
pourra arrêter les défaillances d'une façon efficace. Il est
cependant de toute importance que ces défaillances soient
signalées et réprimées et que les troupes sachent que la
prévôté est derrière elles. La gendarmerie doit donc, dès
que l'action est engagée, sillonner en tous sens le terrain
en arrière, par groupes de 4 ou 5 hommes, courir sus à
tout militaire hors de son rang, lui enjoindre de retourner
à son poste, prendre son numéro matricule et celui de son
corps et les transmettre, après l'action, au chef d'état-major. Dans ces circonstances, où il faut user d'énergie, la
prévôté doit toujours se présenter en force suffisante pour
n'avoir à redouter aucune résistance. C'est pour ce motif
que nous conseillons de la fractionner en groupes de 4 ou
5 hommes : trois ou quatre de ces groupes, bien placés,
peuvent parfaitement surveiller l'étendue de terrain occupée
par une division d'infanterie. C'est là, à notre avis, la façon
la plus pratique d'exécuter l'article 543.

IV. — Les voitures des cantiniers des régiments sont généralement autorisées à marcher dans les intervalles des bataillons auxquels ils appartiennent. Cependant, dans certains cas, on les fait marcher avec le train régimentaire. Quant aux voitures de marchands autorisés à vendre à l'armée, elles ne seront jamais reçues dans les colonnes ou dans le train. On les maintiendra toujours en arrière.

V. — Dans les camps et cantonnements, la prévôté est chargée de la police générale. Elle assure, par ses patrouilles de jour et de nuit, l'ordre le plus parfait et l'exécution de toutes les prescriptions du commandement à ce sujet. Elle reçoit les réclamations des habitants qui ont à se plaindre de vexations commises par des militaires ou gens attachés à l'armée; elle se fait représenter par les militaires qu'elle rencontre hors du cantonnement la permission écrite dont ils doivent être porteurs. Cette permission ne peut être accordée que par le commandant du cantonnement. Le soir, une demi-heure après l'appel, elle fait rentrer dans leurs logements tous les soldats qu'elle rencontre dehors. En pays ennnemi, elle arrête tout habitant qui n'est pas rentré chez lui après la retraite, et, en cas d'alerte, ceux qui sortent de lèurs demeures, qui ouvrent leurs fenêtres ou qui ferment leurs volets. Si l'alerte a lieu la nuit, elle exige des habitants qu'ils éclairent leurs fenêtres à l'intérieur.

VI. — Les voitures des marchands et ces marchands eux-mêmes doivent être l'objet de la plus stricte surveillance. Comme ils ne peuvent suivre ni vendre sans l'autorisation de la prévôté, ils ne peuvent être très nombreux et ils sont tous, au bout de très peu de jours, individuellement connus. On doit surveiller leurs agissements, leurs absences, leurs fréquentations; en un mot être en constante défiance vis-à-vis d'eux.

VII. — L'espionnage en campagne prend toutes les formes et est une des choses les plus difficiles à surveiller. La prévôté doit se garder de se laisser influencer par l'opinion publique, qui subit souvent de singuliers entraînements et en arrive à voir des espions partout. Néanmoins, tout en usant de circonspection, elle ne doit négliger aucun indice et doit vérifier tout ce qu'elle entend dire. Il vaut mieux, dans ce cas, pécher par trop de précautions que par trop de confiance. Quand on se livre à des investigations de ce genre, on ne doit rien oublier. Le plus petit indice, la chose la plus insignifiante en apparence, peut mettre sur la trace de la vérité. Indépendamment des papiers, il y a mille détails qu'il faut examiner. Un nom de fabricant sur une montre, sur le revers des boutons d'habit, la forme de certains objets appartenant au prévenu,... etc.,... etc., peuvent amener des questions qui l'embarrasseront. Mais dans la plupart des cas, ce sera toujours une enquête laborieuse et difficile, car les sujets, qui se livrent à ce périlleux métier d'espion sont généralement intelligents et fins. Aussi, tout individu soupçonné d'espionnage doit-il être conduit tout d'abord devant le commandant du détachement de la force publique.

VIII. — L'on a prétendu que la croix de la convention de Genève avait été plusieurs fois utilisée pour couvrir des tentatives d'espionnage. Sans nous occuper du plus ou moins de fondement de ces allégations, nous croyons qu'il peut être utile et prudent de faire connaître aux gendarmes prévôtaux les principales règles qui régissent la Société de secours aux blessés :

SOCIÉTÉ FRANÇAISE DE SECOURS AUX BLESSÉS.

« La Société française de secours aux blessés est la *seule* autorisée en temps de guerre. Elle a pour but de créer, sur les derrières de l'armée et dans des régions indiquées par le ministre ou par les généraux commandant en chef, des établissements hospitaliers pour les malades ou blessés, et de concourir au service des ambulances d'évacuation et des ambulances de gare.

« Nul ne peut être employé par la Société s'il n'est Français ou naturalisé Français et dégagé des obligations imposées par la loi de recrutement. Cependant les hommes de la réserve de l'armée territoriale peuvent y être employés ; mais, dans ce cas, ils sont munis d'une autorisation *nominative* accordée par le ministre.

« La Société est représentée, dans chaque corps d'armée, par un délégué agréé et commissionné par le ministre.

« Le personnel de la Société est soumis aux lois et règlements militaires. Il porte le brassard de la convention de Genève. Ces brassards sont délivrés par l'intendance, qui les revêt de son cachet et d'un numéro de série. L'intendance donne en outre à chaque membre une *carte nominative* reproduisant le numéro du brassard.

« Les sociétés étrangères ne pourront être admises à fonctionner concurremment avec la société française que sur une autorisation formelle du ministre de la guerre et en se plaçant sous la direction de cette société. »

IX. — L'article 510 du décret du 24 juillet 1875 (décret modifiant certaines parties de celui du 1er mars 1854) dit que, à grade égal, l'officier vaguemestre a toujours le commandement, lorsque des troupes de ligne sont employées conjointement avec la gendarmerie pour le service des équipages et convois. Dans l'*Instruction pratique sur le service en campagne de l'infanterie,* publiée le 4 octobre 1875, c'est-à-dire deux mois plus tard, il est spécifié (art. 95) que s'il se trouve au convoi un officier plus ancien, à grade égal, que le commandant de l'escorte, le droit au commandement est réglé avant le départ, par le chef qui ordonne la mise en route. Quoiqu'il soit évident que cet article 95 ne vise pas les trains régimentaires, mais bien les convois proprement dits (art. 139 du *Service en campagne,* 3 mai 1832), il n'en est pas moins désirable qu'un règlement précis tranche la question, car cette ambiguïté peut amener des conflits regrettables.

X. — Couleur des fanions et lanternes en usage dans l'armée française :

Général commandant un corps d'armée.

Fanion tricolore en forme de pavillon.
Lanterne avec verre blanc ou incolore.

Général commandant la 1re division d'infanterie d'un corps d'armée.

Fanion écarlate en forme de pavillon, divisé sur son milieu et dans sa hauteur par une bande blanche.
Lanterne avec verre rouge.

Général commandant la 2e division d'infanterie d'un corps d'armée.

Fanion écarlate en forme de pavillon, divisé dans sa hauteur par deux bandes blanches.
Lanterne avec verre rouge.

Général commandant la brigade d'artillerie d'un corps d'armée.

Fanion en forme de flamme, mi-partie écarlate et bleu de ciel, l'écarlate au sommet, le bleu de ciel à la base.
Lanterne avec verre vert foncé.

Général commandant la brigade de cavalerie d'un corps d'armée.

Fanion en forme de flamme, mi-partie bleu de ciel et blanc, le bleu au sommet, le blanc à la base.
Lanterne avec verre vert foncé.

Ambulances.

Fanion en forme de pavillon, fond blanc, bordé écarlate, avec croix de même nuance sur son milieu.
Deux lanternes dont une à verre rouge et l'autre à verre blanc.

Commandant en chef d'une armée.

Fanion tricolore en forme de pavillon avec une cravate tricolore nouée au fer de lance de la hampe.
Lanterne avec verre blanc ou incolore.

Général de division commandant l'artillerie ou général de brigade commandant le génie d'une armée.

Fanion en forme de pavillon, écarlate et bleu de ciel, assemblés en diagonale, le rouge au sommet et le bleu à la base.
Lanterne avec verre rouge.

Général de division commandant une division de cavalerie indépendante.

Fanion en forme de pavillon, bleu de ciel et blanc, assemblés en diagonale, le bleu au sommet, le blanc à la base.
Lanterne avec verre rouge.

Les généraux de brigade d'infanterie n'ont pas de fanion. Il en est de même pour les généraux de brigade des divisions de cavalerie indépendantes.

CHAPITRE IV.

SERVICE DES CONVOIS.

CONVOIS. — ORGANISATION. — SURVEILLANCE. — MARCHES.

D. *Qu'entendez-vous par* train *et* convoi?

R. On appelle *train* ou *convoi*, suivant le cas, la réunion des diverses voitures et bêtes de bât que les corps de troupe mènent à leur suite.

D. *Quelles sont ces voitures que les corps de troupe traînent après eux?*

R. Ces voitures sont de diverses sortes : il y a les équipages réguliers, qui sont des voitures militaires, et les équipages auxiliaires, qui sont des voitures réquisitionnées. Nous ne nous occupons pas des voitures des marchands autorisés à se livrer à leur commerce à la suite de l'armée.

D. *Ces voitures ne sont-elles pas classées d'après l'usage auquel elles doivent servir?*

R. Oui. Elles forment trois trains ou convois différents, qui ont chacun une place déterminée dans l'ordre de marche des colonnes de troupes. On les distingue sous les noms de *train de combat, train régimentaire* et *convoi administratif*.

D. *Expliquez-nous ce qu'on entend par* train de combat.

R. Parmi le matériel roulant qui accompagne une armée, il y a certaines voitures qui doivent rester avec les combattants. Ce sont ces voitures qui forment ce qu'on appelle le train de combat, lequel marche immédiatement après la troupe dans l'intervalle des colonnes (munitions, outils).

D. *Qu'est-ce que le* train régimentaire?

R. Toutes les voitures des états-majors et des corps, autres que celles qui font partie du train de combat, forment une colonne qu'on appelle train régimentaire de la division (bagages, vivres, habillement).

D. *N'y a-t-il pas aussi un train régimentaire pour le quartier général du corps d'armée?*

R. Oui. Il comprend les voitures de bagages et de vivres du quartier général, les voitures du trésor, des postes, du parc télégraphique et enfin le train régimentaire des corps non endivisionnés.

D. *Quel est l'officier qui commande le train régimentaire d'une division?*

R. C'est le commandant de la force publique de la division qui a le commandement du train régimentaire pendant la marche. Il est aidé dans ce service par les vaguemestres des corps de troupe, qui qui surveillent chacun les voitures de leur régiment.

D. *Comment le train régimentaire est-il protégé pendant la marche?*

R. Quand on ne craint pas la présence de l'ennemi, le train régimentaire est gardé par les hommes de corvée que chaque régiment a envoyés pour le service du ravitaillement. On peut aussi y joindre des détachements des gardes de police descendantes. Si l'on est à proximité de l'ennemi, il est pourvu à la sécurité du train régimentaire par les soins du commandement.

D. *Connaissez-vous le chiffre des voitures composant le train régimentaire d'une division ?*

R. Ce chiffre dépasse la centaine.

D. *Quel est l'officier qui commande le train régimentaire du quartier général d'un corps d'armée ?*

R. C'est le capitaine vaguemestre du corps d'armée; son train régimentaire est un peu plus nombreux que le précédent.

D. *Quand le corps d'armée marche réuni sur une même route, que deviennent les trains régimentaires des divisions ?*

R. On réunit pour la marche le train régimentaire du quartier général à ceux des divisions. Chacun d'eux forme cependant un groupe distinct. Le tout est commandé par le prévôt du corps d'armée et en son absence par le capitaine vaguemestre. La colonne formée par ces divers trains comprend plus de 400 voitures et a une longueur de 6 550 mètres.

D. *Les voitures des cantiniers des corps de troupe font-elles partie des trains régimentaires ?*

R. Cela dépend des ordres donnés par le général. Il peut autoriser les voitures des cantiniers à marcher avec les troupes dans les intervalles des bataillons. Mais si le général ne donnait pas cette autorisation, leur place de marche serait dans le train régimentaire.

D. *Il vous reste à nous expliquer ce qu'est le* convoi administratif.

R. Le convoi administratif est le train formé par les voitures de vivres de réserve. Ces voitures portent un certain nombre de jours de vivres de première ligne, et elles sont commandées par le capitaine de la compagnie du train attachée à la division. Ce convoi reste fort en arrière du gros de la colonne.

D. *Le nombre des voitures des divers trains régimentaires étant fixé par les règlements, comment s'assure-t-on que ce chiffre n'est pas dépassé?*

R. Ce soin incombe aux officiers de la prévôté, chacun pour le convoi qu'il a sous son commandement. Le chef d'état-major général envoie aux commandants de gendarmerie l'état des officiers et des fonctionnaires de l'armée ayant droit à des voitures et à des fourgons, et l'on ne doit pas en tolérer d'autres. (Art. 541 ; — *168.*)

D. *Quel est le devoir des officiers de gendarmerie au sujet des marques des voitures?*

R. La première chose que doit faire le commandant de la force publique, lorsqu'il forme son train régimentaire, est de s'assurer que les voitures particulières des généraux et des fonctionnaires de l'armée autorisés à en avoir, portent le chiffre de leur propriétaire, que leurs fourgons ainsi que les fourgons et voitures des régiments portent les inscriptions prescrites par les règlements, et que les voitures des cantiniers ont leur plaque. (Art. 541 ; — *162*.)

D. *Quand l'armée est en marche, sur combien de files les voitures des divers convois marchent-elles sur les routes ?*

R. Les voitures marchent généralement sur une file. On a adopté cet ordre de marche à cause de la largeur des routes, qui est en moyenne de 7^m,50.

D. *Ne peut-on pas quelquefois les faire marcher sur deux files ?*

R. Oui, si l'on sait que l'on pourra disposer pendant toute l'étape d'une route de 12 mètres de largeur sans aucun étranglement.

D. *Quelle est la raison de cette disposition ?*

R. C'est qu'il faut toujours que la moitié de la route soit libre. Or, si l'on marche sur deux files pendant une partie de l'étape et que l'on rencontre ensuite un défilé à franchir, qui oblige à dédoubler, on s'expose à une perte de temps au moins égale à celui que l'on gagnerait en marchant par deux files, sans compter le désordre qui pourrait en résulter.

D. *Quelle attention la gendarmerie doit-elle apporter pendant la marche des trains régimentaires ?*

R. On doit apporter la plus grande attention à ce

que chaque voiture reste au rang qui lui est assigné, et à ce que la colonne s'allonge le moins possible. Il est donc important que chaque voiture marche à sa distance.

D. *A quelle distance les voitures marchent-elles les unes des autres ?*

R. Le règlement dit que la distance d'une voiture à la tête des chevaux de la suivante est de 1 mètre, mais il faut tenir compte de l'allongement, qui est de la moitié de la longueur de la colonne.

D. *Le convoi marche-t-il tout entier à la file sans intervalles ?*

R. Non. Chaque subdivision marche à 20 mètres de distance de celle qui la précède et la seconde moitié du convoi à 100 mètres de la première.

D. *Expliquez-nous comment se forme le train régimentaire de la division, toutes les fois que cette division se met en marche.*

R. Dans l'ordre de mouvement, qui est communiqué à tous les corps et services de la division, le chef d'état-major a indiqué le point et l'heure de rassemblement pour toutes les voitures qui doivent entrer dans la composition du train régimentaire de la division. Au moment du départ, chaque corps ou service envoie ses voitures, sous la conduite de son vaguemestre, au point indiqué. Elles y sont reçues par le capitaine commandant la force publique, qui forme la colonne de route en faisant placer chaque groupe au rang qu'il doit occuper dans la file.

D. *Dans quel ordre chaque sous-officier vaguemestre d'un régiment doit-il amener ses voitures ?*

R. Chaque sous-officier vaguemestre doit arriver au point de rassemblement avec son train régimentaire tout formé et prêt à entrer en colonne. Ses voitures doivent être placées invariablement à la file dans l'ordre suivant :

1° Les voitures de vivres,

2° Les voitures des cantiniers (si elles marchent avec le train),

3° Les voitures de bagages,

4° La voiture d'habillement et d'équipement.

D. *Quelle recommandation doit-on faire aux vaguemestres des régiments au sujet de la mise en route de leurs groupes?*

R. Il doit être recommandé aux vaguemestres, dans l'intérêt de la conservation des attelages, de ne mettre les chevaux aux voitures qu'au moment même de partir.

D. *Si pendant la marche une voiture vient à se briser, que doit-on faire?*

R. On la fait de suite sortir de la colonne pour ne pas encombrer la route et on la répare si l'on peut. Elle prend ensuite la gauche d'une subdivision ou de la colonne. Si la réparation n'est pas possible, on répartit le chargement sur les voitures les moins chargées de sa subdivision et on donne les chevaux aux attelages les plus faibles. (Art. *143*.)

D. *Quelle autorité la prévôté a-t-elle sur les cochers, domestiques, charretiers du convoi?*

R. Le règlement dit que la gendarmerie est autorisée à employer tous les moyens coercitifs envers ces individus. (Art. *167*.)

D. *Si des conducteurs de voitures résistent avec violence, ou se livrent au pillage, ou cherchent à s'enfuir au moment d'une attaque, que devez-vous faire?*

R. Les conducteurs, dans ces cas, sont passibles des conseils de guerre. Du reste, dans les cas graves, comme par exemple une panique, la prévôté ne doit prendre conseil que de son énergie pour maintenir les conducteurs à leur poste, les empêcher de couper les traits, de s'enfuir avec leurs chevaux, de renverser leurs voitures,..... etc. Dans ces moments critiques tous les moyens de répression sont permis, et les plus énergiques sont les plus efficaces. (Art. *167*.)

D. *A l'arrivée au gîte d'étape, que devient le train régimentaire?*

R. A l'arrivée à l'étape, les équipages, fourgons et bagages des officiers, les vivres, etc., en un mot le train régimentaire de chaque corps rejoint son régiment sous la conduite de son vaguemestre. Les voitures des différents services, postes, trésor, télégraphe se rendent aux points qui leur sont fixés par le commandement. Le train régimentaire de la division se trouve ainsi disloqué et le commandement du capitaine de gendarmerie cesse jusqu'à la nouvelle réunion.

D. *S'il arrivait, pour une raison quelconque, que cette dislocation du train régimentaire n'ait pas lieu à l'arrivée au gîte d'étape, ou si elle n'était que partielle, que ferait la prévôté des voitures qui lui resteraient?*

R. Dans ce cas, qui se présentera bien rarement, la prévôté ferait parquer ces voitures.

D. *Savez-vous comment s'établit un parc de voitures?*

R. Il y a plusieurs façons de parquer suivant les circonstances. Celle indiquée par le règlement comme habituelle, quand on n'a pas d'attaque à craindre, consiste à placer les voitures sur plusieurs rangs parallèles essieu contre essieu, les timons dans une même direction. On laisse, entre les rangs, une rue assez large pour que les chevaux et les hommes y puissent circuler librement. (Art. 144.)

D. *Lorsque les voitures sont parquées, quelle précaution doit-on prendre pour le cas de départ subit?*

R. On doit exiger que les harnachements soient placés dans un ordre invariable et méthodique, de façon qu'on puisse garnir et atteler dans le moins de temps possible, sans confusion, et qu'on soit prêt à partir rapidement.

OBSERVATIONS SUR LE CHAPITRE IV.

I. — Voici quelles sont les longueurs des différentes voitures suivant la façon dont elles sont attelées :

Voiture à 1 cheval,   7 mètres ;
Voiture à 2 chevaux,   8   —
Voiture à 4 chevaux,   11   —
Voiture à 6 chevaux,   14   —

(Aide-mémoire de l'officier d'état-major.)

II. — Le règlement fixe la distance entre chaque voiture d'un convoi à 1 mètre seulement ; mais ce n'est là que la distance de formation, c'est-à-dire celle que doivent avoir les voitures lorsqu'on forme le convoi et qu'elles doivent reprendre chaque fois qu'on l'arrète. Il est en effet évident que si les voitures ne pouvaient jamais, en marche, s'espacer de plus d'un mètre, on serait exposé à voir les brancards se casser à chaque à-coup. Mais il est admis qu'une colonne de voitures marchant à la file subit un allongement de moitié. Il faut toujours ajouter cet allongement à la distance réglementaire. Ainsi pour une voiture à 1 cheval, nous aurons $3^m,50 + 1$ mètre, c'est-à-dire $4^m,50$; pour une voiture à 2 chevaux, nous aurons 5 mètres, ... etc. ; mais aussitôt qu'on s'arrêtera, toute les voitures devront serrer à 1 mètre d'intervalle dans chaque groupe.

III. — On admet, comme vitesse de marche des trains et convois, 60 mètres par minute, non compris les haltes. Cela fait 3 kilomètres par heure, avec un repos de 10 minutes.

CHAPITRE V.

JUSTICE PRÉVÔTALE.

D. *Qu'est-ce que la justice prévôtale?*

R. C'est la justice rendue dans les armées en campagne par les officiers de la prévôté, sous la juridiction desquels la loi place certaines catégories d'individus. (Art. 513; — C., 51.)

D. *Quand la justice prévôtale commence-t-elle à fonctionner aux armées?*

R. Les tribunaux prévôtaux entrent en fonctions au moment où l'armée entre sur le territoire étranger.

D. *Comment se compose un tribunal prévôtal?*

R. Le tribunal se compose de l'officier juge assisté de son greffier.

D. *Combien y en a-t-il dans une armée?*

R. Il y a autant de tribunaux qu'il y a d'officiers de gendarmerie à la tête des forces publiques de l'armée. Cela revient à dire qu'il y en a un par division et par quartier général de corps d'armée, plus celui du grand prévôt au quartier général d'armée.

D. *Le capitaine vaguemestre d'un corps d'armée n'est-il pas aussi juge prévôtal?*

R. Oui. Nous avons vu déjà qu'il a, comme ses collègues, un maréchal des logis adjoint au trésorier détaché auprès de lui comme greffier.

D. *Quels sont ces greffiers dont vous parlez?*

R. Ce sont des sous-officiers de gendarmerie désignés pour ces fonctions. Il y en a un auprès de chaque prévôt et de chaque commandant de détachement, ainsi qu'auprès de chaque capitaine vaguemestre. On donne ces fonctions à des maréchaux des logis adjoints au trésorier, de façon à pouvoir les employer également à la comptabilité du détachement.

D. *Le grand prévôt a-t-il également un greffier?*

R. Oui, mais c'est un capitaine qui remplit ces fonctions.

D. *Quelle formalité les greffiers doivent-ils remplir avant d'entrer en fonctions?*

R. Les greffiers doivent prêter serment de bien et fidèlement remplir les fonctions qui leur sont confiées.

D. *Où siègent les tribunaux prévôtaux?*

R. Les prévôtés établissent leur tribunal partout où elles se trouvent, voire même dans un champ. Elles statuent sur le lieu même où elles trouvent un coupable, pourvu qu'elles ne sortent pas des limites de leur juridiction.

D. *Quelles sont les limites de la juridiction d'un tribunal prévôtal?*

R. Les limites de la juridiction d'un tribunal prévôtal sont celles du territoire occupé par le corps auquel le juge est attaché, en y comprenant ses flancs et ses derrières. Ainsi, la juridiction du grand prévôt s'étend sur tout le territoire occupé par l'armée entière; celle d'un prévôt sur celui occupé par son corps d'armée, et celle d'un commandant de détachement sur celui occupé par sa division.

D. *En cas de concurrence entre le grand prévôt et un autre officier de la prévôté, à qui appartiendra la priorité?*

R. Évidemment au grand prévôt. Le supérieur hiérarchique a toujours le droit de retenir à son tribunal l'affaire portée devant son inférieur. .

D. *Le grand prévôt a-t-il le pouvoir d'infliger des peines plus fortes que le prévôt ou le commandant du détachement?*

R. Non. Les tribunaux prévôtaux appliquent à leurs justiciables les peines édictées par les lois, quel que soit le grade de l'officier juge. Ainsi le commandant de détachement de force publique a les mêmes pouvoirs, au point de vue de l'application des peines, que les prévôts et le grand prévôt.

D. *Le grand prévôt peut-il réformer le jugément rendu par un autre officier prévôtal?*

R. Non. Le jugement rendu par n'importe quel

tribunal prévôtal est *sans appel* et exécutoire sur minute. (C., 75.)

D. *Qu'entendez-vous par ces mots :* Exécutoire sur
minute?

R. Cela veut dire qu'il n'y a pas besoin de signi-
fication de jugement, que le condamné n'a pas droit
à des délais d'opposition ou d'appel, et que le jugement est valable et peut recevoir son exécution
immédiate, aussitôt que la minute en est signée par
le juge et son greffier.

D. *Quand cette minute se signe-t-elle ?*

R. Elle se signe séance tenante, aussitôt après le
prononcé du jugement.

D. *Les militaires sont-ils justiciables de la prévôté?*

R. Non, sauf les prisonniers de guerre qui n'ont
pas rang d'officier.

D. *Pourquoi les militaires ne sont-ils pas justiciables
de la prévôté?*

R. Par la raison que les prévôtés ne connaissent
que de contraventions et de délits, sortes d'infractions contre lesquelles le commandement est armé
de pouvoirs suffisants vis-à-vis des militaires.

D. *Quels sont donc les justiciables de ces tribunaux?*

R. Ce sont les individus qui ne sont pas soumis à
la discipline militaire, c'est-à-dire : 1° les vivandiers, vivandières, cantiniers, cantinières, blanchis-
seuses, marchands, domestiques et toutes person-

nes à la suite de l'armée en vertu de permissions ; 2° les vagabonds et gens sans aveu ; 3° les prisonniers de guerre qui ne sont pas officiers.

D. *Détaillez-moi les infractions dont connaissent les prévôtés.*

R. Les infractions dont connaissent les prévôtés sont :

1° Les contraventions de police et les infractions relatives à la discipline ;

2° Toute infraction dont la peine édictée par le code n'excède pas six mois de prison et 200 francs d'amende, ou l'une de ces peines ;

3° Les demandes en dommages et intérêts qui n'excèdent pas 150 francs, lorsqu'elles se rattachent à une infraction de leur compétence. (C., 75.)

D. *Quelles sont alors les peines que peuvent prononcer les officiers de la prévôté ?*

R. La quotité de la peine à infliger comme punition des contraventions et délits est fixée par la loi. Le juge prévôtal ne peut sortir du minimum ou du maximum indiqués. Ces peines sont :

Prison : maximum six mois.
Amende : maximum 200 francs.
Dommages : maximum 150 francs.

A ces peines il faut ajouter, pour les marchands, la suspension temporaire des patentes et permissions, leur retrait complet et l'expulsion de l'armée.

D. *Les prévôtés ne peuvent-elles pas prononcer la peine de la confiscation ?*

R. Oui, dans les cas prévus par la loi, c'est-à-dire pour vente à faux poids et tromperie sur la quantité et la qualité.

D. *Dans quels cas les officiers prévôtaux peuvent-ils accorder des dommages-intérêts ?*

R. Les officiers prévôtaux ne peuvent accorder de dommages intérêts que quand ces dommages se rattachent à une infraction de leur compétence et que la demande n'excède pas 150 francs.

D. *Ces dommages-intérêts ne peuvent-ils pas faire l'objet d'un second jugement ?*

R. Non. Une fois le jugement rendu, si le plaignant n'a pas demandé de dommages-intérêts, il n'est plus reçu à intenter plus tard une nouvelle action pour arriver à les obtenir.

D. *Comment se rend la justice prévôtale ?*

R. Elle se rend publiquement et contradictoirement.

D. *Qu'entendez-vous par ce mot* contradictoirement?

R. Cela veut dire que l'on doit entendre le plaignant, l'inculpé et les témoins pour ou contre.

D. *La prévôté doit-elle donc forcément entendre l'inculpé ? Et s'il ne se présente pas ?*

R. Oui, la présence de l'inculpé est indispensable. La prévôté ne peut juger par défaut. Si l'inculpé n'est pas présent, on le fait rechercher; on décerne même contre lui un mandat d'amener, si cela est nécessaire; mais le jugement ne peut avoir lieu sans sa présence.

D. *Je suppose que l'inculpé est présent. Dites-nous alors quelle marche suivra le juge prévôtal pour rendre son jugement.*

R. L'inculpé et les témoins étant présents, l'officier de la prévôté prend les mesures nécessaires pour que les témoins soient isolés et ne puissent, jusqu'après leur audition, savoir ce qui passe et se dit à l'audience. L'identité de l'inculpé est ensuite établie. La partie plaignante expose sa plainte, l'inculpé donne ses explications et ensuite on passe à l'audition des témoins. Ceci terminé, l'inculpé est invité à présenter sa défense, le juge déclare les débats clos et prononce son jugement.

D. *Comment les témoins sont-ils cités ?*

R. Les témoins sont cités à comparaître au moyen de citations régulières signifiées par la gendarmerie.

D. *Que fait-on s'ils ne répondent pas à la citation?*

R. L'officier de la prévôté, en cas de mauvais vouloir d'un témoin, peut le faire amener devant lui par les agents de la force publique.

D. *Si l'inculpé refuse de répondre, que fait le juge?*

R. Le juge passe outre aux débats.

D. *Que fait-on si on ne peut retrouver les témoins?*

R. Le juge passe outre également, s'il reconnaît sa religion suffisamment éclairée.

D. *Les témoins entendus par un tribunal prévôtal prêtent-ils serment?*

R. Les témoins prêtent serment et déclinent leurs noms, prénoms et qualité.

D. *Je suppose que l'inculpé ou l'un des témoins est un prisonnier de guerre ne parlant pas la langue française. Que fera-t-on?*

R. L'officier de la prévôté fera rechercher un interprète et lui fera prêter serment de traduire fidèlement les paroles prononcées.

D. *Comment la justice prévôtale est-elle saisie d'une affaire?*

R. La justice prévôtale est saisie par le renvoi que lui fait l'autorité militaire ou par la plainte de la partie lésée. Dans le cas de flagrant délit ou même en cas d'urgence, elle peut procéder d'office. (C., 173.)

D. *Comment se constate le flagrant délit dont vous parlez.*

R. Le flagrant délit se constate par un procès-verbal d'un agent de la force publique.

D. *En combien d'expéditions rédige-t-on les procès-verbaux?*

R. Les procès-verbaux sont toujours rédigés en double expédition, l'une destinée au général commandant la division et l'autre au prévôt du corps d'armée.

D. *Les procès-verbaux sont-ils enregistrés?*

R. Oui, tous les procès-verbaux sont enregistrés

par les soins du maréchal des logis greffier sur un registre *ad hoc*.

D. *Le jugement étant rendu, que doit faire le juge prévôtal?*

R. Aussitôt le jugement rendu, l'officier de la prévôté prend des mesures pour qu'il soit exécuté. Si l'inculpé est reconnu non coupable, il est rendu immédiatement à la liberté; s'il est condamné à l'amende et à la prison, il est conduit à la caisse du payeur le plus voisin. Les gendarmes qui le conduisent doivent être munis de la minute du jugement. Sur le vu de cette minute, le payeur encaisse le montant de l'amende. C'est également sur le vu de cette minute que le condamné sera écroué à la prison de la prévôté.

D. *Comment se fait la police de l'audience dans les tribunaux prévôtaux?*

R. La police de l'audience appartient au juge prévôtal. Toute marque d'approbation ou d'improbation est défendue. Les contrevenants sont expulsés du lieu des séances. S'ils résistent, le juge ordonne leur arrestation et, s'ils sont ses justiciables, leur détention, qui ne peut excéder 15 jours. Si les délinquants ne sont pas justiciables des prévôtés, le juge les fait déposer à la prison, à la disposition du général commandant la division, auquel il adresse le procès-verbal relatant les faits.

OBSERVATIONS SUR LE CHAPITRE V.

I. — L'article 75 du code de justice militaire détermine la compétence des prévôtés relativement aux personnes et aux infractions dont elles peuvent connaître. Les personnes énumérées à l'article 75 (§ 1er) le sont déjà au numéro 2 de l'article 62. Il n'y a pas de difficulté à leur sujet. Quant à celles que le numéro 2 de l'article 75 désigne sous la qualification de *vagabonds* et *gens sans aveu*, il faut se reporter aux termes de l'article 270 du code pénal. « Ce sont, dit le code, ceux qui n'ont ni domicile certain ni moyen de subsistance, et qui n'exercent habituellement ni métier ni profession. »

II. — La loi ne parle pas du défenseur devant les prévôtés, parce qu'elle n'a pas entendu en faire une obligation et que, devant ces tribunaux comme devant les juges de paix, c'est particulièrement sur les dires des parties et sur les preuves qu'elles produisent que le juge doit se décider. (Foucher, 1082.)

III. — Les témoins comme les prévenus peuvent être amenés devant le tribunal prévôtal même par voie coercitive, et le juge est armé sur la forme de procéder d'une espèce de pouvoir discrétionnaire, qui est la conséquence de la nature de ses attributions et des limites de sa compétence; mais cependant, en ce qui concerne les témoins, il convient, autant que possible, de les faire citer. (Foucher, 1078.)

IV. — Au moment de la mobilisation, les diverses fractions de la prévôté reçoivent une caisse de papiers archives ou de comptabilité. Elles doivent réclamer aux greffiers des conseils de guerre des formules de jugement.

Nous donnons ci-après, pour terminer ce Manuel, les modèles des formules pour mandat d'amener, citation de témoin et jugement. Ces deux dernières sont tirées du code de justice militaire.

Nous donnons également quelques modèles de procès-verbaux, qui pourront être utiles à l'occasion.

CHAPITRE VI.

FORMULES ET MODÈLES DE PROCÈS-VERBAUX.

ARMÉE D

PRÉVÔTÉ D

Nous (*noms, prénoms, grade*),   , prévôt
du   ᵉ corps d'armée (*ou* commandant le détachement de la force publique de la   ᵉ division
du   ᵉ corps);

Requérons la gendarmerie ou tous autres agents
de la force publique d'amener par-devant nous, à
notre tribunal, conformément à l'article 174 du
code de justice militaire,

Le nommé   , pour y répondre
aux inculpations portées contre lui.

Donné à   , le   18 .

Le

Nota. — Cette formule sert à faire comparaître un inculpé devant le tribunal prévôtal. Les gendarmes porteurs de cet ordre, après l'avoir exhibé à celui qui en fait l'objet, le conduisent immédiatement devant le juge.

On peut également employer cette formule pour contraindre un témoin de mauvaise volonté à venir déposer. Dans ce cas, on remplace les mots : *y répondre aux inculpations..., etc...* par les mots, *y déposer sur les faits reprochés au nommé..., le témoin n'ayant pas répondu à la citation qui lui a été signifiée.*

CÉDULE.

—

(Art. 174 du code
de justice mili-
taire.)

La présente de-
vra être apportée
en venant déposer.

[FORMULE N° 26.]

ARMÉE D

—

PRÉVÔTÉ D

—

Nous   , prévôt d
, requérons l   nommé

de comparaître par-devant nous
, le   18 , à heure d
, pour y déposer en personne sur les faits
relatifs a   nommé

Le témoin requis   prévenu que, faute par
de se conformer à la présente assignation   l
y ser   contraint par les voies de droit.

Donné à   , le   18 .

Le   prévôt,

SIGNIFICATION.

L'an mil huit cent   , le
       , à la requête de M. le   , prévôt d   ;
Nous soussigné, avons signifié la cédule ci-dessus
à   , en son domicile, à
                , parlant à
ainsi déclaré; et à ce qu' l n'en ignore, nous lui
avons laissé la présente.

Dont acte, à   , les jour, mois et an que
dessus.

JUGEMENT.   [FORMULE N° 27.]

—

(Art. 75, 173 et
174 du code
de justice mili-
taire.)   ARMÉE D

PRÉVÔTÉ D

AU NOM DU PEUPLE FRANÇAIS,

Le tribunal de la   prévôté d
a rendu le jugement dont la teneur suit :
L'an mil huit cent   , le
le tribunal tenant audience publique à
, conformément aux articles 75, 173 et 174 du code
de justice militaire, à l'effet de juger l   nommé

inculpé d

le quel   été amené libre et sans fers
après avoir fait donner
lecture par le sieur   , greffier, des procès-verbaux, plainte et rapport   ;
après l'exposé fait par la partie plaignante de sa
demande, après l'appel des témoins, la prestation de
serment prescrite par l'article 127 du code et leur
audition,   après avoir

entendu le prévenu en défense,

Jugeant en dernier ressort,

attendu (1)   ;

attendu que ce fait constitue (2)   ;

par ces motifs (3)   le nommé   .

Fait et jugé en séance publique à   les
jour mois et an que dessus. En foi de quoi le présent
jugement, exécutoire sur minute, a été signé par le
prévôt et par le greffier.

Le prévôt,   Le greffier,

En conséquence, le président de la République
française ordonne à tous huissiers sur ce requis de
mettre ledit jugement à exécution; aux procureurs
généraux et aux procureurs près les tribunaux de
1re instance d'y tenir la main; à tous commandants
et officiers de la force publique de prêter main-forte,
lorsqu'ils seront légalement requis.

(1) Spécifier les faits incriminés : s'il y a des demandes de dommages-intérêts, indiquer les conclusions prises par la partie ci-
vile.

(2) Spécifier la contravention ou le délit et les articles de loi et
règlements applicables.

(3) Condamne ou acquitte. Statuer en outre sur la demande de
dommages-intérêts, s'il y a lieu.

ARMÉE D

PRÉVÔTÉ D

L'an   , le   , à dix heures du matin;

Par devant nous, **VERGY** (Jules), capitaine de gendarmerie commandant le détachement de la force publique attaché à la   ᵉ division d'infanterie du   ᵉ corps d'armée, remplissant les fonctions d'officier de police judiciaire militaire, en vertu de l'article 84 du code de justice militaire et agissant en vertu de l'article 86 dudit code ;

S'est présenté le sieur X... (*âge, profession et domicile*), lequel parlant et comprenant la langue française d'une façon suffisamment intelligible et sans le secours d'un interprète, nous a requis de rédiger la plainte qu'il vient nous rendre des faits ci-après détaillés :

« Ce matin, vers huit heures, trois soldats d'infan-
« terie se sont présentés chez moi sous prétexte de
« m'acheter du vin. Pendant que deux d'entre eux
« m'occupaient dans la salle basse de ma maison, le
« troisième soldat pénétrait furtivement dans ma cour
« et s'emparait de deux poules, qu'il étrangla et qu'il
« mit dans un sac dont il était porteur. En enten-

« dant le bruit qu'il faisait, je voulus aller voir ce
« qui se passait dans ma cour, mais les deux soldats
« qui causaient avec moi me retinrent de force et
« donnèrent ainsi au voleur le temps de s'échapper.
« Ils me lâchèrent alors et se sauvèrent précipitam-
« ment. J'étais malheureusement seul à ce moment.
« Dans la lutte que j'ai soutenue avec ces deux
« hommes, j'ai saisi l'un d'eux par sa cravate, qui
« m'est restée dans la main lorsqu'il a pris la fuite.
« Je vous la remets. Je ne puis vous donner le signa-
« lement de ces hommes. Ils portaient l'uniforme de
« votre infanterie et je crois bien me rappeler, sans
« toutefois pouvoir le certifier, que le numéro 82
« était sur le collet de leur capote. »

Lecture faite de ladite plainte au susnommé, a dit
qu'elle contient vérité et a signé avec nous.

X...   **VERGY.**

Le sieur X... nous a remis une cravate du modèle
en usage dans l'armée, que nous joignons à la présente plainte.

Sur quoi, disons que ladite présente plainte sera
transmise, avec la pièce à conviction, à monsieur le
général commandant la division.

Fait à   , les jour, mois et an que dessus.

VERGY.

Nota. — *En aucun cas,* les officiers de police judiciaire ne peuvent refuser de recevoir une plainte ou une dénonciation de crime ou délit commis par des justiciables des conseils de guerre ou prévôtés. Le plaignant ou le dénonciateur peut écrire et rédiger lui-même sa déposition. Dans ce cas, elle doit être signée à chaque feuillet par le rédacteur et l'officier de police judiciaire qui la reçoit.

Pour faciliter la rédaction, quand l'officier de police judiciaire est requis de rédiger, il est préférable de faire parler le plaignant à la première personne comme nous l'avons fait dans ce modèle.

Flagrant délit
justiciable
de la prévôté.

ARMÉE D

PRÉVÔTÉ D

L'an mil huit cent   ,le 10 juillet à onze heures du soir;

Nous, **GRANDJEAN** (Claude), maréchal des logis de gendarmerie détaché à la force publique de la   ᵉ division d'infanterie du   ᵉ corps d'armée, remplissant les fonctions d'officier de police judiciaire en vertu de l'article 84 du code de justice militaire et agissant aux termes de l'article 86 dudit code;

Faisant une tournée dans le village de N*** (présentement occupé par le 62ᵉ régiment d'infanterie faisant partie de notre division), afin de vérifier la fermeture des établissements tenus par les cantiniers, vivandiers et autres débitants, conformément aux ordres donnés par le commandement, accompagné des gendarmes **CHAUVIN** (Alfred) et **COURTOIS** (Jules) de ladite force publique;

Avons remarqué un établissement de débit de boissons établi dans une maison abandonnée de la rue principale du village, dans lequel, malgré l'heure tardive, étaient encore attablés, jouant et buvant, deux individus. Nous avons fait observer au débitant et à ces deux consommateurs qu'ils étaient en contravention avec les ordres donnés, qui prescrivent la fermeture des cabarets à neuf heures du soir. Nous avons voulu alors prendre leurs noms, mais les deux consommateurs ont refusé de les décliner et ont essayé de prendre la fuite. N'ayant pu y parvenir, et sur notre menace de les arrêter, ils nous ont traités de *propres à rien, cochons, canailles,* et autres termes injurieux. Nous nous sommes alors assurés de leurs personnes, malgré une certaine résistance, mais sans coups portés par eux, et nous avons procédé à l'interrogatoire de ces trois individus, en commençant par le débitant, qui n'avait pas pris part à ces injures.

PREMIER INCULPÉ.

D. *Quels sont vos nom, prénoms, âge, lieu de naissance, profession et domicile?*

R. Je me nomme **CORVIN** (Jean), âgé de 48 ans, né et domicilié à Olivet (Loiret) où j'avais un petit commerce de marchand de vins.

D. *Êtes-vous autorisé à suivre l'armée?*

R. Oui, j'ai l'autorisation de suivre la   ᵉ division d'infanterie et d'y exercer ma profession.

D. *Quel est le numéro de votre patente?*

R. Le numéro 12.

D. *Pourquoi n'avez-vous pas votre plaque sur vous, d'une façon apparente?*

R. Je l'ai retirée à cause de l'heure avancée, étant sur le point de me coucher. Du reste, la voici.

D. *Pourquoi vous êtes-vous mis en contravention avec les ordres donnés au sujet de la fermeture des lieux publics ?*

R. Ces deux consommateurs n'étant pas militaires, j'ai cru que je pouvais leur servir à boire après neuf heures.

D. *Montrez-moi votre patente ?*

L'inculpé nous a présenté une patente en règle portant le numéro 12. Nous nous sommes assuré que cette pièce lui appartenait réellement et qu'il en était bien le titulaire légitime.

Lecture faite au sieur **CORVIN** du présent interrogatoire, a dit ses réponses fidèlement transcrites, qu'elles contiennent la vérité, y persister, et a signé avec nous et les gendarmes.

CORVIN. COURTOIS. CHAUVIN. GRANDJEAN.

Nous avons ensuite procédé à la constatation d'identité des deux autres inculpés, que nous avons interrogés en ces termes :

DEUXIÈME INCULPÉ.

D. *Quels sont vos nom,..... etc., etc.?*

R. Je me nomme **DALBIN** (Jules), 41 ans, né à .

Castelnaudary (Aude), domicilié en dernier lieu à Orléans (Loiret), où j'étais domestique du général de B...

D. *En quelle qualité êtes-vous ici aujourd'hui?*

R. Je suis toujours domestique de mon général. Voici mon certificat.

D. *Le général de B... n'est pas logé dans ce village. Comment se fait-il que vous ne soyez pas auprès de lui?*

R. Le général m'a envoyé faire quelques emplètes ici dans la journée. Je me suis attardé, je l'avoue.

D. *Vous devez avoir une autorisation écrite de vous éloigner du cantonnement de votre général?*

R. Oui, la voici.

D. *Vous ne pouvez ignorer les ordres donnés au sujet de la fermeture des lieux publics.*

R. Je croyais qu'ils ne concernaient que les militaires et je ne le suis pas.

D. *Vous avez opposé de la résistance et injurié les agents de la force publique dans l'exercice de leurs fonctions.*

R. Je m'en repens maintenant, mais j'avais la tête un peu échauffée par la boisson.

Lecture faite,..... etc.

DALBIN. COURTOIS. CHAUVIN.

GRANDJEAN.

6.

TROISIÈME INCULPÉ.

D. *Quels sont vos nom, ... etc.?*

R. Je me nomme **MANTINET** (Isidore), 46 ans, né à Paris, domicilié à Rueil (Seine-et-Oise), où j'étais employé dans un établissement de blanchissage.

D. *En quelle qualité suivez-vous l'armée?*

R. En qualité de blanchisseur ainsi que ma femme.

D. *Quel est le numéro de votre patente?*

R. Le numéro **21**. La voici ainsi que ma plaque.

D. *Pourquoi vous trouvez-vous ainsi attablé dans un établissement après l'heure de la fermeture?*

R. Je n'y ai pas réfléchi, et je me suis laissé entraîner par mon compagnon.

D. *Pourquoi avez-vous opposé de la résistance et nous avez-vous injuriés?*

R. J'étais un peu excité par la boisson.

Lecture faite,..... etc.

MANTINET. COURTOIS. CHAUVIN.

GRANDJEAN.

Vu l'heure avancée, nous avons remis au lendemain à continuer notre information, et attendu qu'il y a flagrant délit, disons qu'en vertu de l'article 87 du code de justice militaire les nommés **DALBIN** et **MANTINET** seront mis en état d'arrestation.

Fait et clos à , les jour, mois et an que dessus, à minuit.

GRANDJEAN.

Ce jourd'hui, 11 juillet mil huit cent , à six heures du matin.

Nous, **GRANDJEAN** (Claude), maréchal des logis de gendarmerie détaché à la force publique de la ᵉ division d'infanterie, officier de police judiciaire militaire, continuant notre information commencée hier, assisté du gendarme **CHAUVIN** (Alfred), nous nous sommes assuré que les voitures des nommés **CORVIN** et **MANTINET** portaient la plaque réglementaire et que les numéros de ces plaques concordaient avec céux des patentes et du registre de prévôté. Nous nous sommes également assuré que le nommé **DALBIN** est réellement au service de M. le général de B...

Et attendu qu'il y a flagrant délit et qu'il résulte des faits ainsi que de la procédure suivie par nous :

1º Que le nommé **CORVIN** (Jean), vivandier autorisé à la suite de la ᵉ division d'infanterie, s'est rendu coupable d'avoir contrevenu aux ordres donnés, en recevant et en servant dans son établissement des consommateurs, une heure et demie après celle de la fermeture réglementaire ;

2° Que les nommés **DALBIN** (Jules), domestique, et **MANTINET** (Isidore), blanchisseur, autorisés tous deux à suivre l'armée, ont contrevenu aux mêmes ordres en s'attablant, buvant et jouant dans l'établissement **CORVIN** après l'heure réglementaire, et que, de plus, ils se sont rendus coupables d'outrages par paroles envers un commandant de la force publique dans l'exercice de ses fonctions ;

Déclarons au nommé **CORVIN** (Jean), que nous dressons procès-verbal contre lui, et disons qu'en vertu de l'article 87 du code de justice militaire les deux autres inculpés seront maintenus en état d'arrestation pour être envoyés par-devant le tribunal de monsieur le capitaine commandant le détachement de la force publique de la division, auquel sera transmise la présente information après avoir été signée à chaque feuillet par nous et les gendarmes **CHAUVIN** et **COURTOIS**, qui nous ont assisté dans toute cette opération, le tout conormément aux articles 86, 87, 92 et 173 du code de justicec militaire.

Fait et clos à   , les jour, mois et an que dessus.

GRANDJEAN.

ARMÉE D

PRÉVÔTÉ D

Nous, **VERGY** (Jules), capitaine de gendarmerie commandant le détachement de la force publique de la   ᵒ division d'infanterie du   ᵉ corps d'armée;

Requérons la gendarmerie d'amener par-devant nous, à notre tribunal, conformément à l'article 174 du code de justice militaire,

Le nommé **CORVIN** (Jean), vivandier autorisé à suivre la   ᵉ division d'infanterie, pour y répondre aux inculpations portées contre lui.

Donné à   , le 11 juillet 18...

VERGY.

[FORMULE N° 27.]

ARMÉE D

PRÉVÔTÉ D

AU NOM DU PEUPLE FRANÇAIS,

Le tribunal de la prévôté de la   ° division d'infanterie a rendu le jugement dont la teneur suit :

L'an mil huit cent   , le 11 juillet, le tribunal tenant audience publique à N*** ;

Conformément aux articles 75, 173 et 174 du code de justice militaire, à l'effet de juger les nommés :

1° **CORVIN** (Jean), âgé de 48 ans, profession de marchand de vins, domicilié en dernier lieu à Olivet (Loiret); aujourd'hui vivandier à la suite de la   ° division d'infanterie;

2° **DALBIN** (Jules), 41 ans, profession de domestique, domicilié en dernier lieu à Orléans (Loiret), aujourd'hui domestique de M. le général de B... ;

3° **MANTINET** (Isidore), 46 ans, profession de blanchisseur, domicilié en dernier lieu à Rueil (Seine-et-Oise), aujourd'hui blanchisseur à la suite de la   ° division d'infanterie;

Inculpés, le premier de contravention aux ordres

de police générale sur la fermeture des établissements publics;

Le deuxième et le troisième d'outrages par paroles envers un commandant de la force publique;

Lesquels ont été amenés libres et sans fers;

Après avoir fait donner lecture par le sieur **MALHERBES**, maréchal des logis de gendarmerie, greffier, des procès-verbaux, plainte et rapport; après l'exposé des faits par la partie plaignante, de sa demande; après l'appel des témoins, la prestation du serment prescrite par l'article 127 du code et leur audition; après avoir entendu les prévenus en leur défense;

Jugeant en dernier ressort;

Attendu que, le 10 juillet à onze heures du soir, **CORVIN** tenait à cette heure son établissement ouvert, alors que les ordres donnés prescrivent de fermer à neuf heures; que ce fait constitue une contravention prévue et punie par l'article 471 du code pénal;

Attendu que, le même jour, à la même heure, dans l'établissement de **CORVIN**, **DALBIN** et **MANTINET** ont répondu par des injures aux injonctions du maréchal des logis **GRANJEAN**, accompagné des gendarmes **CHAUVIN** et **COURTOIS**, et ont traité ces agents de la force publique de *propres à rien, cochons, canailles;* attendu que ce fait constitue un délit prévu et puni par l'article 225 du code pénal;

Faisant application de ces dits articles 471 et

225 combinés avec les article 75 et 271 du code de justice militaire ;

Par ces motifs, condamne :

1° Le nommé **CORVIN** (Jean), à 5 francs d'amende et suspend sa patente pour huit jours à dater d'aujourd'hui 11 juillet ;

2° Les nommés **DALBIN** (Jules) et **MANTINET** (Isidore) chacun en quarante jours de prison.

Fait et jugé en séance publique à N*** les jour, mois et an que dessus. En foi de quoi, le présent jugement, exécutoire sur minute, a été signé par le capitaine commandant la force publique et par le greffier.

Le prévôt,   *Le greffier,*

VERGY.   **MALHERBES**.

En conséquence, le président de la République française ordonne à tous huissiers sur ce requis de mettre ledit jugement à exécution, aux procureurs généraux et aux procureurs près les tribunaux de première instance d'y tenir la main, à tous commandants et officiers de la force publique de prêter main-forte lorsqu'ils en seront légalement requis.

Nota. — Si les outrages, au lieu d'être adressés à un commandant de la force publique, l'avaient été à deux gendarmes, c'est l'article 224 du code pénal qui deviendrait applicable. Cet article ne porte que l'amende comme peine. Pour infliger de la prison, il faudrait modifier légèrement la formule et dire :

« Attendu que ce fait constitue un délit puni par l'article 224 du code pénal; mais faisant application de l'article 195 du code de justice militaire et des articles 71 et 271 du même code ;

Par ces motifs, condamne.... etc. »

Arrestation
d'un espion.

ARMÉE D

PRÉVÔTÉ D

L'an mil huit cent   , le 18 juillet, à deux heures
du soir ;

Nous, **VERGY** (Jules), capitaine de gendarmerie,
officier de police judiciaire militaire en vertu de l'article 84 du code de justice militaire, commandant
la force publique de la   ᵉ division d'infanterie du
     ᵉ corps d'armée, agissant aux termes de l'article
86 dudit code ;

Ayant été averti par les rapports de nos subordonnés qu'un individu parlant très clairement français, quoique avec un accent étranger, avait été vu
plusieurs fois dans le cantonnement de la division et
qu'il résultait des informations prises sur son compte
qu'il avait une conduite des plus suspectes, qu'à plusieurs reprises il avait posé à des sous-officiers et à des
soldats des questions sur l'effectif de leur régiment,
de leur compagnie, sur le numéro de leur division,
leur nourriture, etc., etc., nous avons donné l'ordre
au maréchal des logis **GRANDJEAN** et aux gendarmes **CHAUVIN** et **HERMANN** de rechercher
cet individu et de l'amener par-devant nous. Cet

individu a été trouvé à l'hôtel de la Croix-d'Or (*Goldenes-Kreuz*), situé en cette ville de N*** près la maison occupée actuellement par le quartier général de la division. Nous nous sommes fait rendre compte des circonstances de l'arrestation, qui s'est opérée sans incidents, cet individu étant dans sa chambre et ayant suivi immédiatement les gendarmes, en demandant seulement ce qu'on lui voulait. D'après le dire l'hôtelier, il serait arrivé depuis trois jours à l'hôtel, un jour avant l'occupation de la ville par les troupes. Le maréchal des logis **GRANDJEAN** a laissé le gendarme **HERMANN** à l'hôtel, avec la consigne d'empêcher toute personne d'entrer dans la chambre de l'inculpé.

Nous avons immédiatement procédé à l'interrogatoire de cet homme.

D. *Comment vous nommez-vous et quel est votre état civil?*

R. Je me nomme Carl **PIPER**, âgé de 37 ans; je suis né à Brünn en Moravie. Je suis sujet autrichien et correspondant d'un journal de Vienne, *la Gazette.*

D. *Avez-vous des papiers?*

R. Non, je n'en ai pas apporté avec moi.

D. *Avez-vous l'autorisation de suivre l'armée?*

R. Non, je n'ai pas cru nécessaire de la demander, car je ne suis pas votre armée.

D. *Depuis quand êtes-vous à N***?*

R. Depuis trois jours. J'y étais déjà quand vos troupes y sont arrivées.

D. *Vous adressez des articles militaires à votre journal?*

R. Je ne sais si mes articles peuvent être qualifiés d'articles militaires. Naturellement j'y parle de la guerre, mais je n'ai jamais été soldat et je ne suis pas compétent en cette matière. Je me borne à raconter ce que je vois ou ce que j'apprends.

D. *Combien avez-vous envoyé d'articles jusqu'à ce jour?*

R. J'en ai envoyé cinq ou six.

D. *Sous quelle signature paraissent ces articles?*

R. Je n'en sais rien. Je ne sais même pas si ces articles ont paru dans le journal, ni sous quelle forme. Je n'ai pas vu le journal depuis que je suis en route.

D. *Mais, ordinairement, quel est le nom ou pseudonyme dont vous vous servez pour signer vos articles?*

R. Les articles paraissent toujours sans signature dans notre journal. C'est une règle invariable.

D. *Comment êtes-vous arrivé à N***, et d'où venez-vous?*

R. Je viens de B***, et j'ai gagné N*** au moyen d'une voiture, que j'ai louée.

D. *Comment pouvez-vous justifier de votre identité?*

R. Je n'ai que quelques lettres sur moi. Je vous ai dit que je n'avais pas de papiers.

D. *C'est au moins fort imprudent de votre part.*

R. Je ne croyais pas m'exposer à me trouver dans vos lignes. J'avais toujours soin d'être en avant de vous ou très en arrière. J'ai été surpris par votre arrivée.

D. *Vous avez posé à divers militaires des questions compromettantes pour vous et vous ne pouvez ignorer que vous risquez de passer pour un espion.*

R. Si j'étais un espion, vous pouvez être certain que j'aurais pris mes précautions et que j'aurais des papiers en règle.

D. *Avez-vous votre domicile à Brünn?*

R. Non. J'ai quitté cette ville à l'âge de vingt ans. Je demeure actuellement à Vienne (Autriche), rue   , numéro   , et j'y exerce la profession de journaliste.

D. *Avez-vous souvent voyagé en Allemagne? Avez-vous été à Berlin ou dans quelque autre ville allemande?*

R. Oui, j'ai été plusieurs fois à Berlin; mais mon dernier voyage dans cette ville date d'au moins dix ans.

D. *Quand avez-vous écrit à votre journal pour la dernière fois?*

R. C'était à B***. Il y a quatre à cinq jours.

D. *Avez-vous conservé la copie de votre lettre?*

R. Non; je ne le fais jamais.

D. *Où sont les lettres dont vous venez de nous parler? De qui sont-elles?*

R. Elles sont dans ma valise à l'hôtel. Elles proviennent de ma famille.

D. *Pouvez-vous vous réclamer de quelqu'un ici?*

R. Non , je ne connais absolument personne.

D. *Avez-vous quelque chose à ajouter à vos réponses?*

R. Je n'ai rien à ajouter. Je vous répète que je suis sujet autrichien et que je ne mérite nullement d'être l'objet de vos suspicions.

Nous avons fait venir alors par-devant nous les nommés **PARENT** (Charles), **CLAVETTE** (Édouard), sergents au 82ᵉ de ligne, et les nommés **PETIT** (Isidore), **MAIGNAN** (Jules), **CARON** (Charles), soldats au même régiment, qui nous avaient été désignés comme ayant causé avec l'inculpé. Ils nous ont confirmé, sous la foi du serment, les rapports des gendarmes Chauvin et Hermann au sujet des propos compromettants tenus devant eux, et, mis en présence du sieur Piper, ils l'ont immédiatement reconnu. Nous nous sommes alors de nouveau adressé à l'inculpé :

D. *Vous ne niez pas les propos que avez tenus à ces militaires?*

R. Non. Ils ne me paraissent pas compromettants. Il faut bien que je fasse mon métier de reporter et par suite que je prenne des informations.

Nous nous sommes ensuite transporté à l'hôtel,

dans la chambre occupée par le sieur Piper, accompagné du maréchal des logis Malherbes, notre greffier, du maréchal des logis Grandjean et du gendarme Chauvin. En présence de l'inculpé, nous avons procédé à l'examen minutieux de ses bagages, qui ne contenaient aucun papier, sauf deux lettres écrites en langue allemande, sans enveloppes et sans indication de lieu d'envoi. Ces lettres sont de deux personnes différentes et datées du 25 juin et du 10 juillet de la présente année.

D. *De qui sont ces lettres?*

R. La première est de mon frère, la deuxième de mon père.

D. *D'où sont-elles écrites?*

R. De Vienne.

D. *Où sont les enveloppes?*

R. Je les ai déchirées.

D. *Comment ces deux lettres ont-elles pu vous rejoindre dans votre voyage?*

R. J'avais indiqué les deux villes P*** et de B***, comme des endroits où je devais vraisemblablement séjourner. J'ai trouvé à P***, poste restante, la lettre de mon frère et, à B***, il y a quelques jours, celle de mon père.

D. *Avez-vous indiqué également cette ville-ci comme un de vos séjours probables?*

R. Oui. Il se peut qu'il y arrive quelque lettre pour moi, si le service de la poste y fonctionne encore.

Nous avons ensuite fait procéder en notre présence à une perquisition des plus minutieuse sur la personne de l'inculpé et sur les effets qu'il portait sur lui. Cette perquisition est restée infructueuse. Quant aux bagages, ils se composaient simplement d'un petit porte-manteau renfermant 4 chemises marquées C. P., 4 paires de chaussettes portant les mêmes lettres, un pantalon et un pardessus en drap. L'examen de ces effets nous a fait remarquer que les boutons en métal du pantalon portent une marque de fabrique *Wilhem in Köln;* que les boutons en drap du pardessus portent également une marque de fabrique sur leur partie noire métallique : *Nadelmann in Berlin.* Enfin nous avons remarqué à l'intérieur de la boîte de la montre d'or de l'inculpé, l'inscription : *22681, Jo. Fürst in Berlin.* Le porte-monnaie contenait une somme de 854 francs en monnaie allemande.

Cette perquisition terminée; nous avons repris l'interrogatoire en ces termes :

D. *Que signifient ces chiffres et ces mots en abrégé, que je trouve sur les pages de votre portefeuille?*

R. Ce sont des notes d'hôtel ou des comptes de blanchissage pendant mon voyage.

D. *Vous vous dites. Autrichien et votre porte-monnaie ne contient pas une seule pièce autrichienne?*

R. Quand on voyage, on est bien obligé d'avoir la monnaie du pays que l'on parcourt. Avant de quitter Vienne, je me suis muni d'argent allemand. C'est une précaution que prennent tous les voyageurs.

D. *Vous m'avez dit qu'il y avait au moins dix ans que vous n'aviez été à Berlin. Comment se fait-il que votre montre porte la marque d'un horloger de cette ville?*

R. Je l'ai, en effet, achetée à Berlin à l'époque de mon dernier voyage.

D. *Vous avez également acheté ce pardessus à cette date, dans cette ville ?*

R. Non. Vous voyez bien qu'il est presque neuf. Je l'ai acheté dernièrement à Vienne.

D. *Comment se fait-il qu'il ait été fabriqué par le sieur Nadelmann, tailleur à Berlin, comme le prouvent ces boutons ?*

R. Je l'ignore. Je l'ai acheté tout fait dans un magasin de confection à Vienne.

D. *Et ce pantalon ?*

R. Également, je l'ai acheté tout fait.

D. *Les boutons indiquent qu'il a été fait à Cologne par le sieur Wilhem. Voyez* Wilhem in Köln.

R. Je n'ai jamais pensé à regarder ces boutons et je ne puis vous donner aucune explication à ce sujet. Je vous affirme que je me les suis procurés à Vienne, dans le magasin de confection où je me fournis d'habitude.

D. *Il est au moins singulier que des effets de confection achetés dans une grande ville telle que Vienne, portent des marques de fabriques de Berlin et de Cologne. J'admets à la rigueur votre explication pour*

7.

*votre montre et votre argent. mais non pour ces deux
vêtements.*

R. Je ne puis que vous répéter ce que je vous ai
dit. C'est l'exacte vérité.

D. *Avez-vous quelque chose à dire pour vous justifier de l'inculpation qui pèse sur vous, d'être venu dans
nos lignes pour espionner ?*

R. Je proteste avec indignation contre cette accu-
sation. Je vous ai dit la vérité, je suis incapable de
ce dont vous m'accusez et une enquête sérieuse sur
mon compte le prouvera bientôt.

Lecture faite au sieur **PIPER** (Carl) du présent
interrogatoire, a dit ses réponses fidèlement transcrites, qu'elles contiennent la vérité, y persister, et a signé avec nous et le greffier.

PIPER. MALHERBES. VERGY.

Et attendu qu'il résulte de l'interrogatoire de l'inculpé et de la perquisition opérée chez lui et sur lui,
présomption suffisante qu'il peut être soupçonné
d'être un espion, nous l'avons fait arrêter et déposer à
la prison de la prévôté, pour y être à la disposition de
monsieur le général commandant la division, auquel
toutes les pièces seront adressées, y compris celles à
conviction, lesquelles nous avons closes et cachetées,

le tout conformément aux articles 86, 87, 92 et 97 dn code de la justice militaire.

Fait à N***, les jour, mois et an que dessus.

VERGY.

Nota. — Il est important de ne procéder à la perquisition sur la personne et les effets de l'inculpé, qu'après l'avoir préalablement interrogé. Il peut, en effet, arriver ainsi que des réponses faites dans l'interrogatoire deviennent compromettantes après la fouille, par suite de la découverte de certains objets.

Les objets saisis sont clos et cachetés, si faire se peut. On peut aussi les mettre dans une boîte, dans un sac, ou dans un vase, suivant le cas. L'officier de police judiciaire les clôt au moyen d'une bande de papier qu'il scelle de son sceau. Cette bande de papier doit porter la signature de l'officier, celle du greffier et celle de l'inculpé. On doit aussi indiquer sur cette bande de papier que les pièces à conviction appartiennent à l'affaire du nommé... :

AFFAIRE DU NOMMÉ CARL PIPER.

Pièces à conviction.

1° Une montre en or,
2° un portefeuille,
3° un porte-monnaie (854 fr. en monnaie allemande),
4° deux lettres,
5° un pardessus en drap,
6° un pantalon.

L'inculpé,	Le greffier,	Le capitaine de gendarmerie,
PIPER.	**MALHERBES.**	**VERGY.**

DEUXIÈME PARTIE.

CONDUITE DES CONVOIS.

DEUXIÈME PARTIE.

CONDUITE DES CONVOIS.

CLASSIFICATION DES ÉQUIPAGES D'UNE ARMÉE. — ORGANI-
SATION DES DIVERS CONVOIS. — RÈGLES DE MARCHE. —
RÉUNION. — DISLOCATION. — RAVITAILLEMENT.

Le commandement d'une des plus importantes colonnes du matériel roulant de l'armée est confié par
le règlement aux officiers de gendarmerie commandant les forces publiques. Il est facile de se rendre
compte de l'importance de ce service en voyant
quelle est la nature des voitures placées sous la surveillance de ces officiers, et l'on peut aussi, en considérant leur nombre, juger de la difficulté qu'ils
rencontreront dans l'exécution de la mission qui leur
est confiée.

Ce n'est pas, en effet, une mince affaire, que d'organiser, de mettre en route, de faire marcher et arriver à l'heure dite des colonnes de 130 à 150 voitures,
diversement attelées et occupant une longueur
de près de 2 kilomètres sur les routes. Il est donc
essentiel que les officiers désignés pour les prévò-

tés n'attendent pas une entrée en campagne pour se rendre compte de l'organisation des convois, qui seront un jour sous leurs ordres et des principales règles de leur conduite. Nous avons déjà donné, au chapitre IV du Manuel, un aperçu de cette organisation et de ces règles de marche. On peut s'y reporter; mais nous croyons nécessaire cependant de les reprendre ici pour les compléter et pour les présenter au lecteur d'une façon plus suivie.

§ Ier.

CLASSIFICATION DES ÉQUIPAGES D'UNE ARMÉE.

Les équipages, qu'une armée traîne après elle, sont un mal et un embarras extrêmes : cependant, comme on ne peut s'en passer, il faut du moins s'attacher a en diminuer autant que possible les inconvénients. On a donc été amené à diviser le matériel roulant en plusieurs catégories, d'après le chargement des voitures, et à assigner à chacune de ces catégories une place particulière dans l'ordre de marche. Ainsi, il y a certaines voitures qui portent des objets de première nécessité pour les troupes, objets dont elles peuvent avoir besoin à tout moment et dont elles ne peuvent se passer; par exemple les outils, les munitions, l'ambulance. Ces voitures formeront naturellement une première catégorie, qui devra marcher avec les troupes et les suivre dans tous leurs mouvements, même lorsqu'elles seront engagées avec l'ennemi. On

a donné à cette première catégorie le nom de *train
de combat.*

La deuxième catégorie comprendra les voitures
dont le chargement, tout en étant fort utile aux troupes, n'est cependant pas indispensable à tout moment, comme les bagages des officiers, le premier
échelon de vivres de réserve, le petit équipement,
les cantiniers. Ces équipages formeront une seconde
colonne à laquelle on a donné le nom de *train régimentaire.* Cette colonne suivra le gros des troupes,
d'assez près pour le rejoindre ordinairement tous les
soirs ; mais cependant elle devra se tenir à une distance suffisante pour ne pas embarrasser les colonnes de combat.

La troisième catégorie sera composée des voitures
de vivres de réserve, qu'on est absolument obligé de
traîner avec soi pour pouvoir ravitailler le train régimentaire au fur et à mesure que les distributions
décomplètent celui-ci. Ces voitures formeront une
troisième colonne, que l'on nomme *convoi administratif.* Cette colonne marche autant que possible à
10 kilomètres de la queue du corps de troupes.

Nous allons maintenant étudier de plus près chacun de ces groupes, que nous supposerons apparte-
nir à un corps d'infanterie.

Trains de combat.

Chaque régiment d'infanterie mène avec lui ses
outils et ses munitions. Ces objets composent le train
de combat du régiment. Chaque division d'infanterie

mène avec elle son ambulance divisionnaire légère et roulante, ainsi qu'une certaine quantité de voitures.

Nous ne donnons pas de chiffres à dessein, d'abord parce qu'ils sont inutiles au service de la prévôté, puis parce que des modifications peuvent survenir. Ces animaux de bât et ces voitures composeront le train de combat de la division. (Nous ne parlons pas des voitures du génie et de l'artillerie, qui sont à part.)

Les voitures du train de combat des régiments marchent à des places réglées dans l'intervalle des bataillons.

Les voitures du train de combat de la division marchent immédiatement à la queue des combattants, à une distance de 300 mètres.

Trains régimentaires.

1° Train régimentaire divisionnaire.

Le train régimentaire d'une division est, pour sa formation, sa marche et sa dislocation, sous les ordres de l'officier commandant la force publique de cette division. Il est donc nécessaire d'entrer dans quelques détails au sujet de ce train.

Nous venons de voir que chaque unité a son train de combat. Chaque unité a également son train régimentaire particulier, se composant de voitures à bagages, de voitures de vivres de réserve, de voitures de petit équipement et éventuellement des voitures des cantiniers. La réunion des petits trains régimentaires de chacune de ces unités formera le train régimentaire divisionnaire. Il s'ensuit que ce train se décomposera naturellement en groupes formés par : 1º le train régimentaire du quartier général de la division, 2º le train régimentaire de la première brigade, 3º le train régimentaire de l'artillerie divisionnaire, 4º celui de la deuxième brigade.

Tèls sont les éléments qui composent la réunion considérable de voitures que le règlement place sous les ordres du capitaine de gendarmerie, mais dont il n'a la responsabilité que pendant la marche seulement. Nous renvoyons messieurs les officiers prévôtaux aux documents qu'ils ont dans leurs archives de la prévôté, pour l'étude de la composition de chacune de ces fractions. Nous ne pouvons donner ici ces détails, qui n'ont encore paru que dans des instructions toutes confidentielles et que des décisions ultérieures peuvent modifier. C'est là, du reste, une question accessoire pour la gendarmerie, dont le rôle se borne à recevoir les trains qu'on lui amène au lieu fixé et à les conduire en ordre au gîte d'étape. Nous ferons la même observation et nous garderons la même réserve au sujet du dispositif de marche des trains du corps d'armée et de la division, qui est destiné à subir dans la pratique de telles modifications que son insertion ne saurait être un guide assuré dans tous les cas. Messieurs les officiers prévôtaux trouveront le dispositif adopté jusqu'à ce jour dans leur *Aide-mémoire de l'officier d'état-major*.

L'officier de gendarmerie placé à la tête d'un train régimentaire d'une division est aidé dans son service de conduite et de surveillance par le sous-officier vaguemestre de chaque unité. C'est ce sous-officier, qui, chaque fois que l'on marche, forme son convoi au moment du départ de la troupe et le conduit en ordre au point indiqué pour le rassemblement de tous les équipages de la division. Lorsque tous les éléments sont entrés en colonne, d'après le dispositif adopté, chaque sous-officier vaguemestre continue à être chargé, sous les ordres du capitaine de gendarmerie, de la surveillance de la marche et de la police de la fraction du train qui appartient à son corps.

Le capitaine de gendarmerie attend, au point fixé pour le rassemblement, l'arrivée de tous les trains régimentaires particuliers. Il les fait entrer en colonne dans l'ordre prescrit et il les met en marche de façon que sa tête de colonne se présente au *point initial* à l'heure prescrite par l'ordre de mouvement. Chaque train régimentaire particulier marche à 20 mètres de distance de celui qui le précède, et le train total est divisé en deux fractions séparées par cent mètres d'intervalle. Nous verrons plus loin quel est le but de ces intervalles.

Les voitures des cantiniers ne marchent qu'éventuellement avec le train régimentaire. Ordinairement elles ont leur place dans l'intervalle de leurs bataillons.

Les voitures des généraux de brigade prennent la tête du train du premier régiment de leur brigade.

A 100 mètres en avant de la première voiture du train divisionnaire, marche le détachement de police avec les prisonniers. Il se compose généralement des gendarmes à pied de la prévôté et d'un détachement des gardes de police descendantes des régiments. Ce détachement de police, tête de colonne du train régimentaire divisionnaire, se tient à 1 500 mètres au moins de la queue du train de combat de la division.

2° *Train régimentaire du quartier général;*

Jusqu'à présent nous n'avons parlé que des trains régimentaires des divisions; mais il y en a encore un autre, qui est commandé, comme nous le savons, par le capitaine vaguemestre du corps d'armée : c'est le train régimentaire du quartier général du corps d'armée. Il est plus considérable que les autres, car il comprend l'ambulance du quartier général, les voitures de ce quartier général et celles des corps non endivisionnés. Il a son dispositif de marche particulier et est divisé en deux fractions, l'ambulance formant la première et marchant à 300 mètres en avant de la seconde, pour pouvoir se porter plus rapidement en avant, en cas de combat. Le capitaine vaguemestre a sous ses ordres une force assez considérable en gendarmes à cheval. Il a, de plus, un détachement de gendarmerie à pied, pour la surveillance des prisonniers de guerre.

3° *Train régimentaire du corps d'armée.*

Quand le corps d'armée marche réuni, on réunit également pour la marche tous les trains régimentaires. Chacun d'eux forme néanmoins un groupe distinct sous le commandement de son chef particulier et le tout est commandé par le chef d'escadrons de gendarmerie, prévôt du corps d'armée. A défaut de cet officier supérieur, le commandement est exercé par le capitaine vaguemestre du corps d'armée à qui le règlement donne la priorité sur tous les capitaines qui peuvent se trouver dans le convoi, quelle que soit son ancienneté.

Dans chaque groupe, les voitures marchent d'après le dispositif réglementaire. On laisse 600 mètres de distance d'un groupe à l'autre.

Les principes de formation que nous avons expliqués, pour la réunion des diverses fractions des trains régimentaires divisionnaires, s'appliquent également au train du corps d'armée. Le capitaine de gendarmerie de l'une et l'autre division et le capitaine vaguemestre réunissent leurs groupes et les amènent tout formés aux points où ils doivent entrer en colonne. Le chef d'escadrons prévôt du corps d'armée en prend le commandement et met la file en marche après l'arrière-garde, à 1 800 mètres de la queue du train de combat de la deuxième division et quelquefois plus en arrière encore, les groupes marchant d'après l'ordre de bataille des corps auxquels ils correspondent.

Convois administratifs.

Nous avons vu, dans la classification du matériel roulant d'une armée, que la troisième catégorie de ce matériel composait les convois administratifs. Leur nom indique leur but. Nous n'en parlerons que pour mémoire, car la gendarmerie n'a aucun rapport avec leur surveillance et leur conduite. Il suffit de savoir que ces voitures portent le complément des vivres de première ligne, et qu'une fraction du convoi administratif doit toujours se tenir assez rapprochée du corps auquel il appartient pour pouvoir reconstituer, en quelques heures, l'approvisionnement du premier échelon de vivres, lorsqu'il a été consommé.

§ II.

DES MARCHES.

Le but, que doit se proposer le commandant d'un convoi à la suite d'une troupe, est d'arriver chaque jour au gîte d'étape à l'heure prescrite, en bon ordre et dans le meilleur état possible. Or, la conduite d'un grand nombre de voitures ne se fait pas sans quelques précautions, si l'on veut ne pas être réduit en peu de temps à n'avoir que des attelages ruinés.

Le meilleur moyen de ménager ces attelages est d'arriver à obtenir la plus grande régularité possible dans la marche, à éviter les à-coups, les temps d'arrêt inutiles, et généralement tout ce qui se traduit par des fatigues perdues. Toutes les instructions pour les marches s'accordent à recommander dans ce but le fractionnement des colonnes et les haltes à intervalles égaux.

Toute colonne, si faible qu'elle soit, s'allonge dès qu'elle se met en marche. Cet allongement, qu'on ne peut tolérer indéfiniment, est une cause de fatigue et d'à-coups dans la marche, quand il s'agit de reprendre ses distances. On a calculé que l'allongement normal pour les équipages, celui qu'on ne peut empêcher et qu'il faut accepter en le régularisant, est égal à la moitié de la longueur de la colonne.

On fractionne donc la colonne, comme nous l'avons vu, en un certain nombre de groupes, que l'on sépare par des espaces égaux à l'allongement de chacun d'eux. Pendant la marche, les espaces libres sont remplis peu à peu par l'allongement et les groupes se rejoignent; mais les haltes se faisant à intervalles égaux et les éléments qui ont perdu leur distance serrant à ce moment sur la tête, l'allongement disparaît et la longueur de la colonne reste constante. La distance intercalée entre deux fractions étant destinée à être remplie par l'allongement, le conducteur de la voiture tête de colonne de chaque groupe n'a pas à se préocuper de la voir diminuer. Son attention doit se porter seulement à conserver constamment une allure parfaitement uniforme, car c'est de cette égalité d'allure que dépend entièrement la régularité de la marche.

De cinquante minutes en cinquante minutes, on doit faire une halte de dix minutes. Ce système a l'avantage de donner un repos aux attelages et de faire disparaître l'allongement avant qu'il ait dépassé les limites prévues. A la sonnerie *Halte*, les voitures têtes de colonne de chaque groupe doivent s'arrêter sur place; les autres serrent de façon à n'avoir qu'un mètre de distance avec celle qui marche devant. Si ces prescriptions s'exécutent complètement, on peut être assuré que la marche sera régulière. Tout dépend, comme on le voit du conducteur de la première voiture de chaque groupe. C'est donc lui qu'il faudra particulièrement surveiller.

Les voitures marchent à la file sur le côté droit de la route, laissant le côté gauche complètement libre. Le règlement donne cette formation en colonne par un, comme l'ordre normal pour les équipages. Cependant, il prévoit le cas où l'on pourra marcher sur deux voitures de front. C'est quand la route aura 12 mètres de largeur pendant toute l'étape et qu'on saura n'avoir pas de défilé à traverser. Dans ce cas, l'une des files marche sur le côté droit et l'autre sur le côté gauche, en laissant le milieu de la route libre.

L'ordre de mouvement est donné tous les jours au commandant du convoi par le chef d'état-major. Cet ordre indique l'heure à laquelle la tête de colonne du train régimentaire doit se présenter au *point initial,* c'est-à-dire au point de la route à partir duquel la colonne de la division ou du corps d'armée aura reçu tous ses éléments. Le général de division fait connaître cette heure aux divers chefs de corps et ceux-ci donnent leurs ordres en conséquence à leurs vaguemestres, en ayant soin de calculer le temps nécessaire à leur train régimentaire pour se rendre de leur cantonnement au point désigné pour le rassemblement des équipages de la division. Les vaguemestres ne font atteler qu'au moment précis de partir et conduisent leur train au point indiqué, en ayant soin de ne pas gêner le mouvement des colonnes de troupes. Le capitaine de gendarmerie, acompagné de la prévôté, se porte de son côté au point initial. La fraction de la prévôté qui doit marcher avec le détachement de police (voir chap. III, *Observations*, § Ier) rejoint ce détachement. Le surplus attend la formation du train régimentaire de la division et marche avec lui. Le capitaine reçoit chaque train des diverses unités de la division, les forme en colonne d'après leur rang et les met en marche de façon à se présenter au point initial à l'heure indiquée par l'ordre de mouvement.

Avant l'arrivée au gîte d'étape, le commandant du convoi est informé, par les soins de l'état-major, des cantonnements ou de l'emplacement des bivouacs occupés par chaque corps. Il en informe chaque vaguemestre et veille à ce que chacun d'eux fasse déboîter ses équipages à propos. Du reste, chaque corps de troupe doit envoyer à l'avance aux embranchements un sous-officier ou un caporal pour indiquer au vaguemestre le chemin qu'il doit prendre pour rejoindre son régiment. Cette mesure de précaution est indispensable pour un corps qui tient à voir arriver ses équipages sans perte de temps. La dislocation du train étant opérée, le capitaine de gendarmerie se rend auprès du chef d'état-major pour prendre les ordres pour le lendemain. Il se concerte avec le commandant du quartier général pour toutes les mesures de police et de bon ordre. On lui communique l'ordre de mouvement pour le lendemain, en ce qui le concerne, et on lui indique le point qu'il devra occuper avec son convoi, en cas d'attaque. Il a soin de reconnaître les routes qui y conduisent et le chemin qu'il devra suivre pour se rendre sur sa position. Enfin, comme dernier détail, il se fait donner connaissance du point désigné comme *centre de distribution* et de l'heure à laquelle aura lieu le ravitaillement.

§ III.

DU RAVITAILLEMENT (1).

Dans chaque corps, les voitures régimentaires de vivres sont partagées en deux échelons. Chaque soir, après l'arrivée à l'étape, dans le cas de marche en avant non interrompue, on distribue aux troupes les vivres portés par un des échelons. Il faut alors procéder à la reconstitution de l'approvisionnement de cet échelon, et, pour cela, une ou deux sections du convoi administratif rejoignent la division et se portent au point désigné comme *centre de distribution* (voir au § Ier, *Convois administratifs*). Ces sections ont dû, par conséquent, suivre la colonne de combat à 10 ou 15 kilomètres. Cependant, dans le cas où elles ne pourraient arriver assez tôt pour que le ravitaillement ait lieu avant la chute du jour, on remettrait l'opération au lendemain matin.

Le centre de distribution est choisi au centre des

(1) L'instruction ministérielle qui doit réglementer le ravitaillement n'a pas encore paru. Nous prévenons donc le lecteur que l'auteur, dans ce § III, a simplement voulu donner un aperçu de la façon dont pourrait s'exécuter ce service.

positions occupées ou sur un point très rapproché de celles-ci, d'un accès facile aux voitures et bordé, si c'est possible, de grands chemins. C'est là que se rendent les sections des convois administratifs apportant les denrées et les voitures régimentaires venant les prendre. On comprend quel ordre il doit régner dans cette opération, si l'on veut qu'elle soit rapidement menée, car le rassemblement dépassera le chiffre de 60 voitures.

Si le ravitaillement doit se faire le matin, ce qui sera le cas le plus ordinaire, les voitures régimentaires se mettront en mouvement dès que les chemins qu'elles ont à suivre seront dégagés par les troupes. Le transbordement s'exécutera pendant la mise en marche de la colonne de combat. Il sera opéré par des corvées envoyées par les corps auxquels appartiennent les voitures, sous la surveillance des officiers d'approvisionnement. Une fois chargées, les voitures régimentaires se rendent directement aux points qui leur ont été assignés pour la formation de la colonne du train régimentaire. Les corvées, qui les ont accompagnées, restent avec les trains et en assurent la protection. L'instruction du 1er juillet 1877 place ce service de ravitaillement sous la surveillance générale du capitaine de gendarmerie. On comprend, en effet, que le commandant du train régimentaire a un grand intérêt à ce que le ravitaillement soit terminé assez à temps pour que sa colonne soit formée et se présente à l'heure prescrite au point initial.

FIN.

APPENDICE.

Décret qui modifie le chapitre V du titre IV du décret du 1ᵉʳ mars 1854, sur l'organisation et le service de la gendarmerie (Journal militaire, partie réglem., 2ᵉ sem., p. 397).

24 juillet 1875.

Le président de la République française,

Vu l'ordonnance du 3 mai 1832, sur le service des armées en campagne;

Vu le décret du 1ᵉʳ mars 1854, sur l'organisation et le service de la gendarmerie;

Vu le code de justice militaire, en date du 9 juin 1857;

Vu le décret du 1ᵉʳ juillet 1874 sur les chemins de fer;

Considérant que le chapitre V (titre IV) du décret du 1ᵉʳ mars 1854, sur le service de la gendarmerie aux armées, n'est plus en rapport avec les besoins actuels de ce service;

Sur le rapport du ministre de la guerre,

Décrète :

Art. 1ᵉʳ. — Le chapitre V (titre IV) du décret du 1ᵉʳ mars 1854 est supprimé et remplacé par les dispositions suivantes :

8.

CHAPITRE V.

SERVICE DE LA GENDARMERIE AUX ARMÉES.

Section 1re. — Organisation.

505. — Lorsqu'une armée est constituée et mobilisée, le commandant supérieur de la gendarmerie y reçoit le titre de grand prévôt, et le commandant de la gendarmerie de chaque corps d'armée s'appelle prévôt.

506. — Un détachement est affecté au service du grand quartier général et à l'escorte du grand prévôt.

Un autre détachement est placé près de chaque prévôt de corps d'armée.

507. — Le service de la gendarmerie aux armées comprend le service prévôtal proprement dit, le service des convois, la garde des prisonniers; mais les gendarmes de ces diverses forces publiques pourront, sur la proposition du prévôt et sur l'ordre du général commandant le corps d'armée, être employés à l'un ou à l'autre de ces services suivant que les circonstances l'exigeront.

508. — Dans chaque corps d'armée, un capitaine de gendarmerie vaguemestre est chargé de réunir et de former les convois et équipages d'après les ordres des chef d'état-major, et d'en assurer la police. [1]

Il lui est adjoint deux maréchaux des logis de gendarmerie à cheval, qui prennent le titre de maréchaux des logis vaguemestres adjoints.

Le capitaine vaguemestre et ses adjoints sont subordonnés au prévôt du corps d'armée.

Quand les ordres pour la réunion et la formation des convois auront été donnés directement au vaguemestre par le chef d'état-major, ce dernier devra informer le prévôt des ordres donnés.

509. — Un détachement est affecté, sous les ordres du

vaguemestre, au service de la force publique des équipages du corps d'armée.

Dans le cas où les voitures régimentaires ou auxiliaires s'élèveraient à un chiffre très considérable, le vaguemestre pourra, s'il le juge nécessaire, demander au chef d'état-major par l'intermédiaire du prévôt du corps d'armée, que des cavaliers soient mis à sa disposition en nombre suffisant pour assurer le service du convoi.

510. — Lorsqu'une escorte de troupe de ligne est employée conjointement avec la gendarmerie pour le service des équipages et convois, le commandement appartient, à grade égal, à l'officier vaguemestre. Si le chef de l'escorte est d'un grade supérieur à celui du vaguemestre, il prend le commandement et prescrit, sous sa responsabilité, toutes les mesures propres à assurer la marche et la défense du convoi.

511. — Dans l'intérêt du service, le grand prévôt nomme aux emplois de sous-officier et brigadier devenus vacants pendant la campagne. Il choisit parmi les candidats à l'avancement qui font partie des forces publiques et parmi les militaires de l'arme qui auront été l'objet de propositions spéciales.

Section II. — Comptabilité.

512. — Dans chaque prévôté, un maréchal de logis comptable est chargé sous la direction du prévôt des détails d'administration et de comptabilité ; il remplit en même temps les fonctions de greffier.

Un sous-officier est placé au même titre près du capitaine vaguemestre.

Les fonctions de greffier près du grand prévôt seront remplies par un capitaine trésorier, qui est également chargé de la comptabilité du détachement attaché au grand quartier général et de la centralisation de l'administration de toute la prévôté de l'armée.

Au point de vue administratif, toute la gendarmerie d'un corps d'armée est considérée comme faisant corps pour toute la durée de la campagne.

La solde est touchée par corps d'armée chez le payeur du corps.

Quand une division se trouve détachée, elle s'administre séparément et touche sa solde chez le payeur de la division.

Section III. — *Juridiction.*

513. — Le grand prévôt exerce sa juridiction sur toute l'armée, et les prévôts sur les corps d'armée auxquels ils sont attachés.

Cette juridiction embrasse tout ce qui est relatif aux crimes, délits et contraventions commis sur le territoire occupé par l'armée et sur les flancs et derrières de l'armée dans les limites fixées par les articles 51, 53, 75, 174 et 271 du code de justice militaire.

Le devoir des prévôts est surtout de protéger les habitants du pays contre le pillage ou toute autre violence.

Les officiers de gendarmerie commandant les forces publiques près des divisions ont les mêmes attributions que le prévôt, et chacun dans l'arrondissement de la division à laquelle il est attaché.

Section IV. — *Rapports de la gendarmerie avec l'autorité militaire.*

514. — La gendarmerie ne relève que de ses chefs directs, ainsi que des généraux et chefs d'état-major près desquels elle est placée. Les réquisitions adressées à la gendarmerie doivent, à moins de circonstances exceptionnelles, passer par l'intermédiaire des officiers de l'arme dans les divisions et corps d'armée.

515. — Indépendamment des rapports que les comman-

dants de détachements doivent aux prévôts de corps d'armée et ceux-ci au grand prévôt sur tous les objets de leur service, ils en font journellement un aux généraux commandant les corps de troupe près desquels ils sont placés, ils les informent surtout des ordres du commandant en chef, en ce qui concerne la police.

Les capitaines vaguemestres doivent les mêmes rapports au prévôt de leur corps d'armée. Ils reçoivent des ordres des généraux et chefs d'état-major pour leur service journalier; ils rendent compte de leur exécution.

Dans une brigade détachée, le commandant de la gendarmerie remplit les mêmes devoirs envers le général de brigade.

516. — Le grand prévôt transmet aux prévôts des corps d'armée, en y joignant ses propres instructions, les ordres qu'il reçoit du commandant en chef ou du chef d'état-major général; les prévôts de corps d'armée les transmettent aux commandants de détachement.

Les uns et les autres sont tenus de les exécuter et d'en informer leurs chefs d'état-major respectifs.

Le grand prévôt rend compte chaque jour au commandant en chef et prend ses ordres. Tous les huit jours, et plus souvent s'il est nécessaire, il présente son rapport général sur son service au chef d'état-major général, qui le soumet au commandant en chef.

Le grand prévôt et les prévôts adressent un rapport journalier aux généraux dont ils relèvent et sont convoqués par eux comme les autres chefs de service, quand cela paraît nécessaire.

517. — Les militaires de la gendarmerie ne peuvent être punis que par leurs chefs directs et par les généraux et chefs d'état-major des corps auxquels ils appartiennent. Toute faute méritant répression, commise par l'un d'eux, est signalée au prévôt et au grand prévôt.

Il est donné connaissance à l'autorité qui a porté plainte de la punition infligée.

Au grand prévôt, au général, au chef d'état-major des corps dont ils relèvent appartient le droit de diminuer, de changer la nature et même de faire cesser les punitions prononcées.

Section V. — Devoirs généraux.

518. — La gendarmerie remplit à l'armée des fonctions analogues à celles qu'elle exerce dans l'intérieur : la constatation des crimes, délits et contraventions, la rédaction des procès-verbaux, la poursuite de l'arrestation des coupables, la police, le maintien de l'ordre, sont de sa compétence et constituent ses devoirs.

519. — La gendarmerie des prévôtés ne sert jamais comme escorte en dehors de ce qui est prévu par le présent règlement, et elle ne peut être employée au service d'estafette que dans le cas de la plus absolue nécessité. Elle ne peut non plus fournir d'ordonnances aux officiers, quel que soit leur grade.

520. — L'état des emplacements occupés par les différents corps et les divers services est, autant que possible, porté chaque jour par le grand prévôt à la connaissance des prévôts de corps d'armée.

Ceux-ci transmettent cet état aux commandants de détachements sous leurs ordres, en y joignant l'emplacement des divisions, détachements et services de leurs corps respectifs.

521. — Le campement ou cantonnement des prévôts est assigné à proximité des quartiers généraux dont ils dépendent.

Pour faciliter l'exécution de leur service, les sous-officiers, brigadiers et gendarmes sont autorisés à pénétrer à toute heure de jour et de nuit dans l'intérieur des camps.

A cet effet ils seront munis du mot. Il est rendu compte au commandant d'armée et au grand prévôt par la voie hiérarchique des obstacles ou empêchements qu'ils pourraient rencontrer à cet égard.

522. — Les officiers et les sous-officiers des troupes sont tenus de déférer aux réquisitions de la gendarmerie, lorsqu'elle croit avoir besoin d'appui. Dans le cas où la main-forte lui est refusée, il en est rendu compte par la voie hiérarchique au chef d'état-major de la division à laquelle appartient l'officier ou le sous-officier qui n'a pas obtempéré à la réquisition.

Toutes fois que des officiers, sous-officiers et gendarmes interviennent en leur qualité d'agents de la force publique au nom de la loi, personne n'a le droit d'entraver leur autorité, et tout le monde doit se soumettre à leurs réquisitions ou à leurs injonctions.

Il est bien entendu toutefois que la gendarmerie n'aura pas le droit de s'opposer à des mesures militaires de quelque nature qu'elles soient, quand elles auront été ordonnées par le commandement.

523. — Tout militaire ou employé à l'armée qui a connaissance d'un crime ou délit doit en donner sur-le-champ avis au grand prévôt ou à tout autre officier, sous-officier ou brigadier de gendarmerie. Il est tenu de répondre catégoriquement à toutes les questions qui lui sont adressées par eux.

524. — Le grand prévôt ou le prévôt ou les militaires de la gendarmerie faisant fonctions d'officiers de police judiciaire, dès qu'ils ont connaissance d'un crime ou d'un délit, font les informations nécessaires, conformément aux prescriptions des articles 83 et suivants du code de justice militaire.

525. — Le grand prévôt ou le prévôt fait procéder à la recherche et à l'arrestation des prévenus et les fait conduire devant le général commandant la fraction de l'armée à laquelle ils appartiennent à moins que l'infraction ne soit de sa compétence.

Il donne aux commissaires du gouvernement et aux rapporteurs près les conseils de guerre tous les documents que ceux-ci lui demandent et qu'il est en son pouvoir de leur procurer.

Il est tenu de déférer à la réquisition de comparaître comme témoin quand elle lui est faite régulièrement.

526. — Il visite fréquemment les lieux qu'il juge avoir plus spécialement besoin de sa surveillance.

527. — Le grand prévôt a une garde à son logement; dans les marches et dans ses tournées , il est escorté par deux brigades de gendarmerie.

Dans les mêmes cas, le prévôt de corps d'armée, le commandant de détachement et le capitaine vaguemestre sont accompagnés d'une brigade, si cela est possible sans nuire au service.

528. — La gendarmerie a dans ses attributions spéciales la police relative aux individus non militaires, aux marchands, aux vivandiers et aux domestiques qui suivent l'armée.

En conséquence, le grand prévôt et le commandant de détachement inscrivent sur un registre les noms et le signalement des secrétaires, interprètes et employés que les généraux et les fonctionnaires de l'armée ont à leur suite.

Un second registre sert à inscrire les noms, signalements et professions des vivandiers et marchands, avec indication du numéro de la patente qui leur a été délivrée.

529. — Le grand prévôt et les prévôts de corps d'armée n'accordent des patentes que pour le quartier général de l'armée et les quartiers généraux de corps d'armée. Ces patentes sont soumises au visa des chefs d'état-major qui les font inscrire sur un registre.

530. — Les commandants de détachement délivrent, sous l'approbation du chef d'état-major et avec son visa, des patentes aux vivandiers, marchands et industriels des divisions ou des brigades; mais ils les font viser, autant que possible, par le grand prévôt de l'armée, et le prévôt du corps d'armée, au visa desquels sont également soumises

celles qui sont délivrées par les conseils d'administration aux cantiniers des corps.

531. — Ces permissions et patentes doivent être l'objet d'un examen sévère de la part de la gendarmerie qui se les fait représenter fréquemment, afin de constater en même temps l'identité des individus qui en sont détenteurs. Cette mesure est de la plus haute importance pour empêcher ou réprimer l'espionnage.

532. — Dans chaque division, un médecin ou pharmacien militaire, assisté d'un maréchal des logis ou brigadier de gendarmerie et de deux gendarmes, est chargé de faire inopinément des tournées générales ou partielles pour apprécier la qualité des liquides ou des comestibles débités par les marchands, vivandiers et cantiniers.

Il fait répandre ou enfouir ceux qui sont reconnus susceptibles de porter atteinte à la santé des troupes.

533. — La gendarmerie veille à l'exécution des ordres des généraux concernant les vivandiers et cantiniers, qui, indépendamment d'une plaque indiquant leur profession et qu'ils portent d'une manière ostensible, sont forcés d'en avoir une à leur voiture, indiquant leur nom, le numéro de leur patente et le quartier général ou le corps de troupe auquel ils appartiennent.

Elle exige que les comestibles et les liquides dont ils doivent être pourvus soient de bonne qualité, en quantité suffisante et au moindre prix possible.

Elle fait souvent des perquisitions dans les voitures des marchands, vivandiers et cantiniers, pour empêcher qu'elles ne servent à transporter d'autres objets que ceux qu'elles doivent contenir.

Elle dresse procès-verbal des infractions qu'elle remarque ; elle en prévient les corps auxquels les délinquants appartiennent, et rend compte, par la voie hiérarchique, au chef d'état-major général ou de la division.

534. — Les officiers et les sous-officiers de gendarmerie vérifient souvent les poids et mesures ; ils confisquent, con-

formément aux lois, ceux qui ne sont pas étalonnés; le grand prévôt ou le prévôt inflige aux contrevenants les peines édictées par la loi; il les prive pour un temps de leur patente, et il peut, en cas de récidive, les renvoyer de l'armée; le tout sans préjudice des restitutions auxquelles ils peuvent être obligés, ni des autres châtiments qu'ils peuvent avoir encourus pour fraude.

535. — Les dispositions précédentes, concernant les cantiniers des corps, sont plus spécialement laissées à la surveillance des chefs de bataillon, adjudants-majors et adjudants de ces corps.

La gendarmerie doit, en général, s'abstenir de toute ingérence superflue dans l'intérieur des corps de troupe, qui ont tout intérêt à faire bonne police par eux-mêmes.

536. — Le grand prévôt et les prévôts fixent les prix des boissons et denrées alimentaires; ils infligent des amendes aux personnes qui suivent l'armée, sans permissions, aux vivandiers, cantiniers et marchands qui enfreignent les tarifs fixés par les prévôts ou qui contreviennent aux règlements de police de l'armée.

Ils prononcent sur les demandes de dommages-intérêts n'excédant pas 150 francs.

Le produit des amendes (dont aucune ne peut excéder 200 francs), est versé par le grand prévôt au trésor.

Le grand prévôt reçoit du commandement les sommes qui lui seraient nécessaires pour les besoins de son service, sauf à rendre compte au général en chef de l'emploi des sommes touchées.

537. — Les domestiques des officiers et des employés de l'armée sont tenus d'avoir une attestation signée de leur maître constatant qu'ils sont à son service. Cette attestation est visée dans les corps par les colonels, dans les états-majors et les administrations par les prévôts. S'ils obtiennent des permissions, elles devront être visées de la même manière.

La gendarmerie arrète les domestiques des officiers et

des fonctionnaires de l'armée qui, sur sa réquisition, ne lui présentent pas l'attestation signée de leur maître, constatant qu'ils sont à son service, et, s'il y a lieu, leur permission.

Elle arrète également comme vagabond tout domestique qui abandonne son maître pendant la campagne.

538. — Des prisons destinées à recevoir les militaires de tous grades, les gens sans aveu ou suspects, etc., sont établies dans les quartiers généraux d'armée, dans les quartiers généraux de corps d'armée et dans les quartiers de division par les soins des prévôts et des commandants de détachement. Elles sont sous l'autorité de ces officiers et sous la surveillance des commandants des quartiers.

Si la troupe est logée chez l'habitant, un local spacieux, solidement construit, facile à garder et présentant toutes les garanties contre les évasions, est choisi par le prévôt ou le commandant de détachement et mis à sa disposition par l'autorité locale.

Dans le cas où la troupe est campée loin des habitations, une grande tente, fournie par l'administration du campement, reçoit la même destination.

Il est pourvu à la nourriture des prisonniers au moyen de rations perçues en même temps que celles de la prévôté, sur des bons établis au titre de la justice militaire. Ces rations sont les mêmes que celles de la troupe, à l'exception du vin et des autres liquides.

Le registre d'écrou des prisonniers, visé chaque jour par le sous-intendant militaire de la division, sert de pièce justificative pour ces allocations et perceptions.

539. — La gendarmerie reçoit dans les prisons les individus qu'elle arrête et ceux qui lui sont envoyés par les chefs d'état-major.

Afin d'éviter l'encombrement des prisons, les prévôts procèdent sans désemparer au jugement de tous les autres individus qui leur sont amenés et sur lesquels s'étend leur juridiction.

540. — La gendarmerie reconduit à leurs corps les militaires qu'elle arrête, à moins que l'inculpation élevée contre eux ne soit de la compétence des conseils de guerre; dans ce dernier cas, les pièces de conviction sont remises au chef d'état-major de la division, qui prend les ordres du général pour faire informer.

Le signalement des déserteurs et des prisonniers évadés est envoyé, dans les vingt-quatre heures au plus tard, à l'officier commandant le détachement de gendarmerie de la division, lequel prend les mesures nécessaires pour leur arrestation.

541. — Les commandants de la gendarmerie, après avoir reçu du chef d'état-major général l'état des officiers et des fonctionnaires de l'armée ayant droit à des voitures ou fourgons, s'assurent dans les quartiers généraux que les voitures particulières des officiers généraux, celles des fonctionnaires de l'armée, portent le chiffre de leurs propriétaires; que leurs fourgons ainsi que les fourgons et les voitures des régiments portent les indications prévues par l'instruction ministérielle du 27 mai 1875; enfin, que les voitures des marchands, des vivandiers et cantiniers ont une plaque, comme il a été prescrit à l'article 533.

542. — Dans les marches, la gendarmerie suit les colonnes, arrête les pillards et fait rejoindre les traînards.

Si la troupe marche en avant, la prévôté est répartie sur les flancs et en arrière des colonnes.

En cas de retraite, elle est placée également sur les flancs et entre les troupes et les équipages. Son devoir est surtout de faire dégager rapidement les routes et d'arrêter les mouvements précipités qui peuvent dégénérer en panique.

543. — Quand les troupes sont engagées, la gendarmerie est échelonnée en arrière des corps qui sont aux prises avec l'ennemi. Elle ramène au feu les soldats qui se débandent et ceux qui se détachent sans nécessité pour accompagner les blessés. Elle désigne à ces derniers l'emplacement

des ambulances, et, aux officiers, les dépôts de munitions.

En cas de panique, toute la prévôté est réunie pour opposer une digue aux fuyards.

544. — Les capitaines vaguemestres se conforment en tous points, pour la conduite des équipages et convois, ainsi que pour la police à y maintenir, à toutes les prescriptions des titres XIV et XVI du règlement de 1832 sur le service en campagne, qui ne sont pas contraires à ce qui est dit au présent règlement.

545. — Aucun officier ou fonctionnaire de l'armée ne devant, en dehors des autorisations régulières ou légales, requérir ni voitures ni chevaux, la gendarmerie dresse procès-verbal contre tout officier ou fonctionnaire de l'armée qui a commis un acte de cette nature. Elle est chargée de recevoir les plaintes des propriétaires, tant sur cet objet que sur tout autre, et, au besoin, d'y donner suite.

546. — Elle signale les militaires de tous grades qui, à la guerre, sont trouvés chassant, ainsi que les officiers qui, dans les cantonnements, chassent sans la permission du propriétaire et l'autorisation du général commandant sur les lieux.

Les prévôts ou autres officiers de gendarmerie sont spécialement chargés d'empêcher les jeux de hasard, qui sont formellement défendus; les individus qui se livrent à ces jeux sont sévèrement punis; ceux qui les tiennent, s'ils ne sont pas militaires, sont chassés de l'armée.

La gendarmerie écarte de l'armée les femmes de mauvaise vie.

547. — La gendarmerie veille à ce qu'il ne soit pas acheté de chevaux à des personnes inconnues. Ceux qui ont été volés ou trouvés sans maître sont conduits à la prévôté, qui les fait rendre à leur propriétaire, dès qu'il est connu. Dans le cas contraire, ils sont remis, d'après l'ordre du chef d'état-major, à l'arme à laquelle ils conviennent.

Les chevaux pris sur l'ennemi ne sont jamais amenés à

la gendarmerie; ils sont laissés à la garde des corps qui les ont capturés, conformément à l'article 182 du règlement sur le service en campagne.

548. — Pendant le temps qu'ils restent à la disposition de la prévôté, les chevaux volés ou trouvés sans maître sont mis en subsistance dans un régiment du corps d'armée désigné par la voie de l'ordre.

La gendarmerie conserve leur signalement pour faciliter les recherches ultérieures.

549. — Le grand prévôt est chargé de la surveillance et de la police générale des sauvegardes, qu'elles soient prises dans la gendarmerie de l'armée, ou qu'elles soient tirées des régiments; ces sauvegardes lui obéissent, ainsi qu'aux officiers et sous-officiers de gendarmerie.

Ces officiers et sous-officiers s'assurent que les sauvegardes suivent exactement les instructions qu'elles ont reçues des généraux; ils rendent compte des difficultés qu'elles rencontrent dans l'exécution de leur mission et des violences qu'elles peuvent éprouver.

550. — La propreté des abords des camps est sous la surveillance spéciale de la gendarmerie.

Elle requiert les corps de troupe de faire enfouir les détritus des abattages qu'ils font pour leur compte.

En cas de départ précipité d'une troupe, celle qui la remplace est tenue de s'acquitter de ce soin.

Les animaux morts trouvés à proximité des camps sont signalés aux chefs d'état-major, qui font commander les corvées nécessaires pour procéder à leur enfouissement.

En un mot, la gendarmerie porte une attention constante à tout ce qui concerne la salubrité publique.

551. — Des patrouilles de jour et de nuit sont faites par la gendarmerie dans toute l'étendue du pays occupé par la fraction de l'armée à laquelle elle est attachée.

Ces patrouilles ont pour objet d'empêcher tout désordre, de faire fermer les cabarets ou tous autres lieux publics aux heures fixées; de conduire à leur corps les soldats avinés, d'arrêter les espions, d'empêcher la maraude, etc.

Quand la troupe est logée chez l'habitant, des patrouilles mixtes, composées de quelques soldats dirigés par un ou deux gendarmes, peuvent être formées pour aider la gendarmerie à protéger les populations et les propriétés.

552. — Le grand prévôt informe le chef d'état-major des dispositions qu'il croit nécessaire de faire adopter par la commission militaire de campagne pour faciliter la surveillance dans les gares.

Tous les voyageurs dont l'identité demeure douteuse ou dont les intentions peuvent sembler suspectes sont conduits à la prévôté pour y être interrogés.

553. — Indépendamment du service qu'elle est appelée à faire aux armées, comme force publique, la gendarmerie peut être organisée en bataillons, escadrons, régiments ou légions, pour faire partie des brigades de l'armée active, tant à l'intérieur qu'à l'extérieur.

TABLE DES MATIÈRES.

DEUXIÈME PARTIE.

Conduite des convois.

APPENDICE.

FIN DE LA TABLE.

Typographie Firmin-Didot. — Mesnil (Eure).

9 782019 248727